Franz von Holtzendorff

Für den Grafen Harry von Armin

Verteidigungsrede gehalten am 14.Dez.1874

Franz von Holtzendorff

Für den Grafen Harry von Armin
Verteidigungsrede gehalten am 14.Dez.1874

ISBN/EAN: 9783743494459

Hergestellt in Europa, USA, Kanada, Australien, Japan

Cover: Foto ©ninafisch / pixelio.de

Weitere Bücher finden Sie auf **www.hansebooks.com**

HARVARD COLLEGE LIBRARY

HOHENZOLLERN COLLECTION

IN COMMEMORATION OF THE VISIT OF
HIS ROYAL HIGHNESS
PRINCE HENRY OF PRUSSIA
MARCH SIXTH, 1902
ON BEHALF OF HIS MAJESTY
THE GERMAN EMPEROR

PRESENTED BY ARCHIBALD CARY COOLIDGE PH.D.
ASSISTANT PROFESSOR OF HISTORY

Für den Grafen Harry von Arnim.

Vertheidigungsrede,

gehalten

am 14. December 1874 vor dem Königlichen Stadtgerichte zu Berlin

Franz von Holtzendorff.

Authentische Ausgabe,
mit einem Nachtrage von Anmerkungen und Zusätzen.

La dignité conseille de ne pas défendre ce qui triomphe.
Bertauld.

Berlin.
C. Pfeiffer'sche Buch- & Kunsthandlung.
1875.

Vorwort.

Zu einer genauen Wiedergabe der von mir am 14. Dezember d. J. in Berlin gehaltenen Vertheidigungsrede sehe ich mich theils durch persönliche Interessen, theils durch sachliche Gründe veranlaßt.

Mein persönliches Interesse besteht darin, mich gegen manche Mißverständnisse zu schützen, welche durch mangelhafte Berichterstattungen in der Presse hervorgerufen worden sind. Neben einzelnen ausgezeichneten Leistungen größerer Zeitungen, die nur geringerer Verbesserungen bedürftig sind, machte ich eine mir höchst unwillkommene Bekanntschaft mit Darstellungen, in denen nicht nur die Worte meiner Vertheidigungsrede entstellt, sondern sogar der Sinn meiner Ausführungen gänzlich mißverstanden war. Im Ganzen konnte mich diese Wahrnehmung nicht überraschen, denn es wäre ungerecht, selbst von geübten Berichterstattern ein schnelles Verständniß schwieriger juristischer Rechtsentwickelungen zu erwarten. Arnim's Proceß enthielt eine nicht geringe Anzahl wichtiger Rechtsfragen, deren juristische Bedeutung die politischen Streitfragen noch längere Zeit überleben dürfte.

Für eine gerechte Beurtheilung meiner Vertheidigung ist vor allen Dingen zu beachten, daß sie weder vollständig noch erschöpfend sein kann. Meine beiden Mitvertheidiger, die Herren Rechtsanwälte Munckel in Berlin und Dockhorn in Posen, hatten sich im Voraus mit mir über eine in den allgemeinsten Umrissen festgestellte Arbeitstheilung vereinbart. Einzelne Punkte, deren Anführung der geübte Blick eines Juristen vermissen könnte, sind aus bestimmten Gründen bei Seite gelassen worden. Auch das will ich nicht verschweigen, daß ich eine im weiteren Umfange beabsichtigt gewesene Vertheidigungsrede sehr erheblich während meines Vortrags abzukürzen beschloß, als ich wahrnahm, daß eine niederdrückende Hitze im Gerichtslocal am Nachmittag des 14. Dezember die leiblichen Kräfte der Anwesenden gänzlich zu erschöpfen drohte.

Das inzwischen ergangene Urtheil läßt erkennen, in wie weit der Richter die Auffassungen der Vertheidigung gebilligt hat. Seine grundsätzliche Auffassung in Beziehung auf die zur Sache einzunehmende Stellung stimmt durchaus mit denjenigen Ausführungen überein, die den Eingang meiner Rede vermitteln. Nirgends hat sich der Gerichtshof durch politische Erwägungen beirren lassen. Es ist ihm zum Ruhme anzurechnen, daß er sich durch nichts Anderes, als streng rechtliche Erwägungen in seinen Entscheidungsgründen bestimmen ließ. Zumal in der Englischen Presse ist anerkannt worden, daß der Gerichtshof seine bei der Erregung der öffentlichen Meinung und dem vermutheten politischen Interesse der Machthaber stark bezweifelte Unabhängigkeit in völlig unanfechtbarer Weise erwiesen hat.

Im Uebrigen haben die Gerichtsverhandlungen ergeben, daß die juristischen Unterlagen des Vorverfahrens sehr unsichere und schwache gewesen sind. Durch die Art der Voruntersuchung und die Erörterungen der den Maßregeln der Strafverfolgung secundirenden Presse war das große Publicum darauf vorbereitet, daß der Angeklagte ein schweres, völlig klares und gleichsam unzweifelhaftes Amtsvergehen begangen haben müsse. Ueberwiegend ist daher der durch das Urtheil des Königlichen Stadtgerichts sowohl im Inlande als im Auslande hervorgebrachte Eindruck als eine Enttäuschung derer zu bezeichnen, die eine Verurtheilung in Gemäßheit der Anklage erwartet hatten.

Der Angeklagte war auf der Grundlage von drei Paragraphen des Strafgesetzbuchs vor Gericht gestellt: § 348, 2., § 350 und § 133, welchen letzteren Paragraphen die Rathskammer der Anklageschrift hinzugefügt hatte.

Unzweifelhaft überragt die formale Autorität eines aus drei Richtern gebildeten Collegiums die gegnerische Meinung von tausend ausgezeichneten Juristen.

Geht man aber davon aus, daß die bei dem Proceß als Richter, Staatsanwalt und Vertheidiger betheiligten sieben Personen sämmtlich die gleiche wissenschaftliche Qualification für das Richteramt besitzen, so ergiebt sich, unter der Voraussetzung, daß das Collegium der drei Richter bei der Abstimmung einstimmig gewesen ist, für die materielle Zweifelhaftigkeit des am 19. Dezember in Berlin entschiedenen Falles dies:

1. Sechs Juristen (drei Richter und drei Vertheidiger) gegen einen (den Staatsanwalt) hielten die der Anklageschrift zu Grunde liegenden Paragraphen 348, 2. und 350 für unanwendbar.
2. Vier Juristen (der Staatsanwalt und drei Vertheidiger) gegen drei (die Richter) hielten den § 133 für unanwendbar, andernfalls würde der Staatsanwalt den § 133, um sich einer Verurtheilung zu versichern, der Anklageschrift einverleibt haben, so daß
3. drei Juristen gegen die abweichende Meinung von vier anderen eine Verurtheilung ausgesprochen haben.

Wäre dagegen das Urtheil des Collegiums nicht mit Einstimmigkeit, sondern mit einer Mehrheit von einer Stimme beschlossen worden, so würde die Zweifelhaftigkeit des Rechtsfalles eine noch größere sein.

Schließlich noch eine „persönliche Bemerkung" an die nicht geringe Anzahl derjenigen, welche mir mündlich oder schriftlich ihr Erstaunen darüber kund gaben, daß ich durch Vertheidigung eines Mannes, gegen den bereits eine „politische Todeserklärung" ergangen sei, meine persönlichen Interessen auf's Spiel setzen konnte.

Darauf habe ich zu erwidern: Ich diene nicht auf Avancement und kenne keine Interessen, die ich gefährden könnte. Wären solche vorhanden, so würde ich sie getrost preisgeben, um meiner Ueberzeugung willen. Diese Ueberzeugung war und bleibt, daß von Rechtswegen nach meinem Verständniß des Gesetzes der Graf Arnim, an dessen persönliche Ehrenhaftigkeit ich glaube, nicht verurtheilt werden sollte. Ich habe den Grafen nicht politisch vertheidigt, ihm sogar vom Standpunkt der Amtsordnung aus öffentlich meine Mißbilligung kund gegeben.

Meine juristische Laufbahn begann ich damit, in die Kerker und Gefängnisse zu gehen und das menschliche Recht der schwersten Verbrecher zu vertheidigen gegenüber den Härten, der Kurzsichtigkeit und den Rachegelüsten einer unversöhnlichen Gesellschaft. Im vorliegenden Falle vertheidigte ich nicht nur den Grafen Arnim, den ich nichtschuldig halte, sondern nach meiner Auffassung auch die gefährdete Selbstständigkeit des Strafgesetzes gegenüber dem Ansturm der politischen Motive und der Parteigegnerschaft. Weil ich den Grundsätzen der Deutschen Reichspolitik unter dem Vorbehalt völliger Unbefangenheit und Freiheit gegenüber jeder einzelnen Maßregel, rückhaltlos zustimme, konnte ich den Grafen Arnim mit reinem Gewissen vertheidigen, wo ich die Gefahr einer nach dem bestehenden Gesetze ungerechten Verurtheilung befürchtete.

Wollen die Parteien in Deutschland aufhören, gegen politische oder kirchliche Gegner gerecht zu sein, so beschreiten wir unmerklich die Bahnen, die zum Verfall Spaniens geführt haben. Wenn ein ultramontaner Bischof in Deutschland in Gefahr stände, ungerecht verurtheilt zu werden und wenn er keine andere Hülfe finden könnte zur Abwehr einer Ungesetzlichkeit, so würde ich ihn und mit ihm das Recht selber vertheidigen in der Ueberzeugung, nach meinem protestantischen Gewissen damit ein gutes Werk gethan zu haben.

Wenn meine Vertheidigung des Grafen Arnim ein Geringes dazu beitrug, das bestehende Gesetz klar zu stellen gegenüber den Verdunkelungen durch politische Erwägungsgründe, so würde ich glauben, daß der Dienst, den ich dem Angeklagten leistete, geringer wäre, als derjenige, den ich Deutschland erwies.

München, 3. Januar 1875.

Franz v. Holtzendorff.

I.

Nicht ohne schweren Nothfall soll ein Rechtslehrer seinen Hörsaal verlassen, um sich der Staatsanwaltschaft vor versammeltem Gerichte entgegenzustellen. Unsere theoretische Bewaffnungsweise ist nicht geeignet für das Schnellfeuer der Debatten, sondern für jenen langwierigen Belagerungskrieg gegen die Zwingburgen eingewurzelten Irrthums und fehlerhafter Traditionen. Nur zu leicht könnte es geschehen, daß unsere Hülfe den Angeklagten zum Nachtheil ausschlüge. Auch ich würde die ungeheure Verantwortlichkeit dieses Processes nicht auf mich genommen haben, wenn mir nicht zur Seite ständen bewährte Advokaten, die mein Ungeschick und die mir mangelnde Erfahrung ergänzen können.

Jener Nothfall, in dem ein Rechtslehrer kommen soll, wenn er um Hülfe angerufen wird, ist heute da.

Noch niemals ist ein so hoher Beamter aus solchem Anlaß vor einem preußischen Gerichtshofe erschienen. Noch niemals hat sich die häufig redende Stimme des höchsten Gerichtshofes in Preußen über einen derartigen Rechtsstreit vernehmen lassen. Vergebens durchblättere ich die unermeßliche Literatur unserer Jurisprudenz, um einen Anhalt für die Beurtheilung zu finden; es giebt keine Analogie. Ministeranklagen, in denen über Tod und Leben entschieden wurde, sind unter geringerer Theilnahme der Zeitgenossen verhandelt worden, als dieser Rechtsstreit, in dem den Angeklagten nach dem Antrage der Staatsanwaltschaft eine Gefängnißstrafe treffen soll.

Eine eigenthümliche Fügung ist es, daß die Staatsanwaltschaft in ihrer Anklageschrift zweimal meinen Namen herbeigezogen hat, um ihre Anträge zu rechtfertigen — wie ich beweisen werde: mit Unrecht. Aber ich acceptire dies wissenschaftliche Vertrauenszeugniß an dieser Stelle und hoffe von der Loyalität der Staatsanwaltschaft, daß sie nun auch meine gegnerische Meinung respectiren werde. Wie gering immer das Gewicht meines Namens ist, und wäre es federleicht: ich kann es nur zu Gunsten des Angeklagten in die Wagschaale der Entscheidung werfen.

Ich übernehme seine Vertheidigung, obgleich ich ihn niemals gesehen habe, bevor sein Sohn aus München mich hierher berufen, obgleich ich niemals die Ehre gehabt hatte, auch nur einem Mitgliede seiner weitverzweigten, angesehenen Familie irgendwie näher gestanden zu haben.

Ich habe kein anderes Interesse in dieser Sache, als das einer reiflich erwogenen Ueberzeugung und eines durch das Vorverfahren etwas erschütterten Rechtsgefühls.[1])

Fern sei es von mir, die Untersuchungsacten dieses Processes zu kritisiren; ich würde es nicht schicklich erachten; aber ich bezeuge, daß in weiten Kreisen Süddeutschlands das Vorangegangene tiefe Bestürzung hervorgerufen hat, eine Bestürzung, die möglich ist selbst bei **äußerlicher Legalität** der Voruntersuchung.

Ich spreche **für den Angeklagten**, obgleich ich mich stets als Mitschuldner gewußt habe in den Pflichten der nationalen Dankbarkeit, die dem Manne dargebracht wird, der unter den Begründern unseres Reiches voransteht, und trotzdem ich mich auch an dieser Stelle noch einmal zur intellectuellen Urheberschaft jener Stiftung bekenne, welche unter dem Namen des **Bismarck-Stipendiums** von Berliner Studirenden der jungen Hochschule in Straßburg dargebracht worden ist.

Ich spreche **für den Angeklagten**, weil ich die schwere Besorgniß empfunden habe, daß ein Uebermaß **politischer Erwägungen** eindringen könnte in die Heiligthümer der preußischen Rechtspflege. Ich spreche für ihn, indem ich protestire gegen die Anmaßungen der öffentlichen Meinung, welche ich in moralischen Dingen hochschätze, der ich aber niemals die Befugniß zuerkennen kann, streitige Gesetze interpretiren zu wollen.

Die Vertheidigung weiß, was auch sie einzusetzen hat in diesem Rechtsfalle, der ein Normalfall sein wird in den Augen der Gesetzgeber, die Deutschland eine einheitliche Strafproceß-Ordnung geben sollen. Möge die Staatsanwaltschaft von diesen Gesetzgebern gemessen werden an ihrem eigenem Maße; möge Voruntersuchung und Rathskammerbeschluß dort die ihnen gebührende Kritik finden! Möge aber auch die Zurückhaltung, die sich die Vertheidigung auferlegt, dazu beitragen, ihr eine höhere Würde in der Zukunft zu sichern!

In gewöhnlichen Fällen hat die Vertheidigung ein starkes Interesse, die politische Seite eines Processes hervorzuheben; denn sie darf darauf rechnen, gerade damit Sympathien zu erwecken für den Angeklagten. Hier gilt das Umgekehrte: Wir wünschen die politischen Gesichtspunkte zurückzudrängen. Wir verlangen die streng juristische Anwendung von Paragraphen, die zu den trockensten des gesammten Strafgesetzbuchs gerechnet werden können.

Wäre jemals vorausgesehen worden, daß sie in dieser Anwendung und Auslegung von der Staatsanwaltschaft einem Gerichtshofe vorgelegt werden würden, so hätte man den Thatbestand dieser Paragraphen in den Rang der haute volée des Verraths erhoben. Man hätte dann die Entscheidung über diese Paragraphen einem Staatsgerichtshofe vorgelegt.[2])

II.

Noch niemals ist ein Angeklagter unter einer so schweren Wucht von Mißverständnissen und Irrthümern aller Art vor Gericht erschienen, wie der Angeklagte. Wenn ein politischer Verbrecher sonst die Staatsordnung gefährdet haben soll, so wird zwar auch dieser Vorwurf dem Angeklagten entgegengehalten; daneben aber auch der völlig entgegengesetzte: sich persönlich vergangen zu haben gegen den Träger einer beispiellosen Volksgunst. Wohl wird es empfunden, daß ein politischer Hintergrund diesem Processe nicht fehlt, und wenn nach dem Gesetze politischer Gravitationen die Parteinahme gegen den Angeklagten so weite Dimensionen angenommen hat, so entstammt dieser Irrthum einem edleren Gefühle und einer richtigen Erkenntniß, nämlich dieser: daß die größten Aufgaben und das innerste Leben unserer Nation im gegenwärtigen Augenblicke berührt sind durch die auswärtige Politik.

Bedeutsamste politische Interessen sind es meiner Auffassung nach gewesen, welche das Auswärtige Amt veranlaßt haben, die Hülfe der Gerichte nachzusuchen. Es ist von keiner Seite gesagt worden, aber es darf auch nicht einmal im Stillen gedacht werden, daß das Auswärtige Amt durch den Ausgang dieses Processes, welcher er immer sein möchte, compromittirt werden könnte.

Ein starker Schein war es, den der Angeklagte bisher gegen sich gehabt hat. Wenn man ihm eine Neigung zu unbefugten Publicationen zutraute gegenüber denjenigen Papieren, die hier zum Theil in Betracht kommen, so muß ich anerkennen: es konnte scheinen, als ob der Angeklagte gleichsam mit brennender Cigarre in dem ihm anvertrauten Pulverthurm spazieren ging. Und in Wahrheit: der Schein, der in juristischen Dingen ein Nichts ist, ist eine große Realität in der Politik. Auf den Schein hin, auf Möglichkeiten muß vom Politiker gehandelt werden in entscheidenden Krisen.

Sage doch Niemand, daß der Reichskanzler persönlich interessirt sein könnte an der Bestrafung des Angeklagten; denn seinem mächtigsten Gegner ist der Besitz der Erkenntniß zuzutrauen, daß die sittlichen Grundlagen der Völker zu wanken beginnen, wenn harte Strafen und Verurtheilungen anfangen populär zu werden.[3]

Es ist die Voruntersuchungsbehörde, die Staatsanwaltschaft und die Rathskammer, welche die technische Verantwortlichkeit für diesen Strafproceß allein zu tragen haben. Ebensowenig wie man jemals der Staatsanwaltschaft ein Verständniß für die Diplomatie abverlangen darf, soll man vom Auswärtigen Amte erwarten, daß es mit der Technik einer Vorinstruction und eines Criminalprocesses vertraut sei.

Nirgends ist einem Gerichtshof eine so schwere Verantwortlichkeit auferlegt worden, wie diesem. Er trägt sie in vierfachem Maße. Der hohe Gerichtshof ist darauf vorbereitet, daß sein Ausspruch dem Lob und dem Tadel, der Kritik im denkbar weitesten Umfange nicht wird entgehen können. Aber nicht die Kritik der Popularität und der politischen Gesinnung, nicht die Kritik der Zugehörigkeit zu den politischen Gesichtspunkten des Reichskanzlers, dürfen ihn jemals bestimmen, sondern nur zwei Beurtheilungsweisen kann er annehmen: diejenige der geläuterten, reifen und ruhig erwägenden Rechtswissenschaft und jene entlegene Kritik der Geschichtschreiber kommender Geschlechter, welche frei sind von den Leidenschaften und Irrthümern dieser Tage, weil sie von ihnen hoffentlich unberührt sein werden.

Wer in dieser Sache richten, anklagen oder vertheidigen will, muß sich lossagen von dem Zauber eines allbeherrschenden Namens. Vergessen wir in dem Momente, wo wir die letzte Entscheidung des Rechts aus unserem Gewissen emporrufen, die Namen Bismarck und Arnim und setzen wir an ihre Stelle die abstracten Begriffe des Reichs und des diplomatischen Reichsdienstes.

Wenn sonst ein Preußischer Gerichtshof nach der Meinung des Auslandes noch weniger zu fragen hat, als nach dem Urtheil des Laien in seiner nächsten Umgebung, so ist doch an dieser Stelle die ungeheure Verantwortlichkeit zu betonen, welche in diesem Falle — ich sage nicht ein u n g e r e c h t e s — aber ein f e h l e r h a f t e s Erkenntniß hervorrufen könnte. Es sind Tausende der scharfsinnigsten Juristen der Welt, welche die Entscheidungsgründe dieses Gerichtshofes ihrer Beurtheilung unterziehen werden.

Ich freue mich, daß der Angeklagte nicht vor einem Schwurgericht steht. Ich würde ihn in hiesiger Stadt nach den Eindrücken, die ich seit meiner Ankunft empfangen habe, für minder gesichert halten, als vor diesem Collegium, welches durch Angabe seiner Entscheidungsgründe der Welt Rechenschaft abzulegen hat. Der hohe Gerichtshof erwäge, daß in diesem schwierigen Processe, dessen bedeutsamste juristische Fragen die Staatsanwaltschaft nicht einmal berührt hat, zu s ch e i d e n ist zwischen den technischen Momenten des diplomatischen Dienstes, zwischen disciplinarischen Gesichtspunkten und zwischen der strengen Anwendung des Strafgesetzes. Der Gerichtshof mag den Angeklagten schuldig halten der schwersten disziplinaren Verstöße; ich vertheidige in dieser Hinsicht nicht, wie ich ihn auch nicht beschulbige. Aber ich bringe darauf, daß diese Gränzlinie auf gewissenhafte Weise gezogen werde. Es erwäge der Gerichtshof, daß er vor einer ersten Entscheidung eines neuen Falles steht, ohne daß ihn ein Präcedenzfall leitet. Er erinnere sich, daß, wenn im Laufe seiner Untersuchung die angezogene Gesetzesstelle sich als dunkel erweist, er zur Freisprechung verpflichtet ist. Denn das ist eine Anforderung, welche jede gesittete Nation an ihre Rechtspflege erhebt, daß einem dunklen, dem Angeklagten unverständlichen Gesetze gegenüber, dieser nicht verurtheilt werden sollte. *)

Damit, meine Herren Richter, haben sie auch den politischen Endzweck dieses Verfahrens, soweit er berechtigt ist, als gewahrt zu betrachten. Jene Anlässe, welche das Auswärtige Amt bestimmen konnten zur Anrufung gerichtlicher Hülfe, sind beseitigt. Das Auswärtige Amt in Berlin hat bewiesen, daß es Veröffentlichungen, wie die, welche in andern Ländern vorgekommen sind, in der strengen Disciplin des Reichsdienstes nicht dulden will. Das Auswärtige Amt, welches Beschwerde geführt hat über voreilige Publicationen in Italien, kann nicht beschuldigt werden, von Andern mehr verlangt zu haben, als es selbst Anderen schuldig zu sein glaubt.

III.

Der Gegenstand dieses Processes liegt in einer dreifachen Gruppe von Schriftstücken, die in der Anklageschrift bezeichnet worden sind unter den Nummern: I., II., III. Erlauben Sie mir, der Terminologie der Anklage diejenige der Vertheidigung zu substituiren.

Ich nenne die erste Gruppe (I.) **translocirte Papiere** oder die **Römische Correspondenz**, deren örtliche Zugehörigkeit zum Pariser Gesandtschafts-Archiv — vielleicht mit unzureichenden Gründen, aber doch immer bona fide vom Angeklagten, bezweifelt werden konnte zu einer Zeit, als er selbst auf den Botschaftsposten nach Constantinopel sich zu begeben im Begriff stand.[5])

Ich werde eine zweite Gruppe (II.) bezeichnen als die **retinirten** oder **disciplinarischen Papiere**, welche der Angeklagte der Kürze halber als Conflictsacten benannt hat.

Die dritte Gruppe (III.), die in diesem Processe in Betracht kommt, nenne ich vom Standpunkte der Vertheidigung: **vermißte Papiere**.[6])

Diese drei Kategorien von Schriftstücken hat die Anklage als eine Einheit von Sachen aufgefaßt, in unserer theoretischen Ausdrucksweise also wie eine universitas facti, als zusammengehörige Sachen, in Beziehung auf welche sie nun unter Anrufung mehrerer verschiedener Paragraphen, das Vorhandensein mehrerer Delicte behauptet; also ein Zusammentreffen strafbarer Handlungen, und zwar auf Grund der Paragraphen 73 des Strafgesetzbuchs eine sogenannte ideale Concurrenz.

Ich frage hier: Wie viele Verbrechen hat der Angeklagte eigentlich mit seiner einen Handlung an jenen Schriftstücken begangen? Wie viele verschiedene Verbrechen werden ihm zur Last gelegt?

In einem Schriftstücke des Auswärtigen Amtes, von Herrn von Bülow gezeichnet, habe ich erwähnt gefunden: vier (§§ 348, 2. — § 350 — § 133 — § 246). In der Anklage, deren Abschrift mir zugegangen ist, fand ich: zwei (§§ 348, 2. und § 350), in dem Rathskammerbeschluß deren drei, nämlich eventualiter noch den § 133.[1])

Angesichts dessen möge der hohe Gerichtshof nun erwägen, in welcher Unsicherheit sich die Anklage von vornherein befunden hat, und gleich ihr das gesammte Vorverfahren, wenn unter so erfahrenen Männern — und der Herr Staatsanwalt genießt des Rufes besonderer Befähigung am hiesigen Stadtgerichte, darüber eine Meinungsverschierenheit bestehen kann, ob zwei, drei oder vier verschiedene Verbrechen auf Grund einer und derselben Handlung dem Angeklagten zur Last zu legen sind. Erwägen Sie wohl, meine Herren Richter, die behauptete Einheit auch des angeblichen Verbrechensobjectes, nämlich der sogenannten Urkunden. Ich würde es meinerseits begriffen haben, wenn man materielle Concurrenz mehrerer Verbrechen in der Weise angenommen hätte, daß man etwa die disciplinarischen Conflictspapiere, weil sie retinirt würden, als eine Zueignungsabsicht indicirend, und andererseits die vermißten Papiere, weil eine Beseitigung in sich schließend, als selbstständige Objecte oder Gruppen angesehen hätte.

Wie man nun aber ein Vorhandensein mehrerer Delicte gegen ein und dasselbe Rechtsobject annehmen kann, wenn aus § 73 des Strafgesetzbuchs Einheit der Handlung vorausgesetzt wird, und auch eine universitas facti an Schriftstücken, Angesichts dessen also, daß überall deren amtliches Anvertrautsein vorausgesetzt ist — dies muß ich bekennen, so wenig begreifen zu können, daß ich sogar fürchte, der gesammten Jurisprudenz des Auslandes werde diese Anklage und dieser Rathskammerbeschluß schon aus dem angegebenen Grunde ewig unverständlich bleiben müssen.

Wenn ein Mann erschossen würde und die Staatsanwaltschaft erhöbe Anklage wegen Mordes und sich dann hinterher in ihrer Anklage auch noch daran erinnerte, daß ein Loch in die Kleidung des Getödteten geschossen ist und dadurch eine rechtswidrige Sachbeschädigung begangen wurde, so würde ich eine solche Anklage begreiflich finden. Sie wäre zwar doctrinär; denn auch der blutdürstigste Staatsanwalt würde nicht noch auf Sachbeschädigung anklagen, wenn der Fall einer Tödtung vorliegt. Aber dieser Fall ist dennoch theoretisch correcter, als die Annahme eines idealen Concurrenzfalles in der vorliegenden Anklage.

Ich muß sagen: diese Anklage hinterläßt in mir denselben Eindruck, wie ein Wort, das Justinian in den römischen Rechtsquellen gebraucht hat, indem er eine Gesetzesbestimmung laqueus legis, eine **gesetzliche Schlinge**, genannt hat. Diese Paragraphenschlingen sind hier so gelegt, daß ein nicht ausgezeichnet vertheidigter Angeklagter erwürgt werden muß; denn **unter allen Gefahren, welche jemals eine Anklage umgeben können, ist diejenige der Unklarheit und der Verwirrung die gefährlichste für die Vertheidigung.**

Ich weiß in der That nicht, wie wir uns hier in vollkommen juristischer Weise vertheidigen können. Erwägen Sie, meine Herren Richter, diesen Widerspruch: Das auswärtige Amt geht an die Staatsanwaltschaft und sagt: „Gebt mir die verlorenen Legionen, meine Urkunden wieder, die Staatspapiere wichtigsten Inhalts!" Denn auch der Herr Staatsanwalt hat schon vorher anerkannt, daß es eminent wichtige „Urkunden" seien. Der Staatsanwalt erhebt nun die Anklage aus § 348 Ziffer 2 und sagt seinerseits: „Wenn sich herausstellen sollte, daß der Gerichtshof keine Urkunden in dem Thatbestand enthalten findet, so freue ich mich dessen, denn eine Beiseiteschaffung dieser eminent wichtigen Urkunden würde dem Angeklagten im Minimum des Strafmaßes nur einen Monat Gefängniß kosten. Indessen haben diese Urkunden noch eine andere merkwürdige Eigenschaft. Sie sind nämlich auch noch eine Sache, und zwar — wie der Herr Staatsanwalt in einer Parenthese der Anklageschrift anführt — sogar eine werthlose Sache". Wenn ich ihn recht verstanden habe, so hätte auch diese Eigenschaft als werthlose Sache wenigstens eine juristische Bedeutung mit dem Erfolge, daß, wenn die werthvollsten Urkunden nicht herbeigeschafft werden, dann der Angeklagte außer der deswegen verwirkten Strafe von mindestens einem Monat auch noch wegen rechtswidriger Aneignung werthloser Sachen wenigstens mit drei Monaten und möglicher Weise mit Verlust der Ehrenrechte bestraft werden könnte.[8])

Ich muß gestehen, daß schon gegen diese Construction sich jedes einfache Verständniß auflehnen wird.

Wenn wir in der Vertheidigung den Angeklagten von dem Vorwurf reinigen, wichtige Staatspapiere als Urkunden entwendet zu haben, dann würde der Herr Staatsanwalt von seinem Standpunkte der idealen Concurrenz sagen können: „Das freut mich, insofern als den Angeklagten nun eine noch strengere Strafe treffen wird, da nach § 350 noch das Verbrechen der Zueignung einer werthlosen Sache übrig bleibt. Denn dies wird der Herr Staatsanwalt unmöglich behaupten, daß, was die Charakteristik der Verbrechens= handlung anbelangt, in den Paragraphen 348 und 350 gesagt werden kann: in dem einen Falle (§ 348) sei eine und dieselbe Handlung eine Beseitigung von Schriftstücken zum Zwecke der Beseitigung, und in dem andern Falle (§ 350) sei sie eine Beseitigung zum Zwecke der rechtswidrigen Aneignung.

Nun ist man bei diesem doppelten Knoten in der Anklage nicht stehen geblieben, sondern es ist sogar ein dreifacher Knoten nach dem Rathskammerbeschlusse entstanden. Denn für den § 350 zieht man jenen merkwürdigen Schluß: daß im Falle seiner Nicht= anwendung noch ein anderer Paragraph angewendet werden könne, nämlich der Paragraph 133, etwa mit= tels folgender Logik: Wenn der Angeklagte nicht als Staatsbeamter in Betracht kommt, so ist er doch noch ein gewöhnlicher Mensch, und in dieser seiner staatsbürgerlichen Qualität kann er dann noch immer bestraft werden aus jenem Paragraphen 133.

Ich weiß nun nicht, wie ich bei einer derartigen Verwirrung der Anklage, bei dieser Annahme einer idealen Concurrenz, meinen Vertheidigungsplan zweckmäßig und passend einrichten kann. Eine nicht ganz neue Idee ist mir dabei wieder begegnet: daß es nämlich völlig falsch ist, die formale Concurrenz in das materielle Strafrecht hinüberzunehmen. Sie gehört in die Strafproceßordnung, und man hätte in der Gesetzgebung sagen sollen, daß die Staatsanwaltschaft wohl die Befugniß hätte, von mehreren concurrirenden Strafparagraphen den schwersten ihrer Anklage zu Grunde zu legen, nicht aber diejenige, eine die Vertheidigung vollkommen verwirrende Combination zweier oder gar dreier Paragraphen einzuführen.*)

IV.

Die Vorfrage, deren Erörterung allgemein von mir erwartet werden dürfte, übergehe ich aus naheliegenden Gründen, nämlich die Frage der Exterritorialität und der gesandtschaftlichen Stellung des Angeklagten. Der Grund, der mich zu dieser tactischen Maßnahme bestimmt, ist dieser: daß sich die Erhebung eines solchen Einwandes im gegenwärtigen Stadium des Processes leicht dem Angeklagten nachtheilig erweisen könnte. Es könnte wenigstens der Schein entstehen, daß er durch diese Präjudicialeinrede auf Grund des Paragraphen 4 die materielle Verantwortlichkeit zu umgehen oder von sich abzuwälzen suchte. Eine solche Einrede müßte in der That processualisch behandelt abgehandelt werden nach Analogie einer Incompetenzeinrede, wenn nicht gegen den Angeklagten falsche Schlüsse gezogen werden sollen. Ich habe noch einen anderen Grund, der mich bestimmt, diesen Rechtspunkt zu vermeiden, nämlich den, daß meine Doppelstellung als Lehrer des Völkerrechts und des Strafrechts an der Hochschule zu München mich leicht zu der Consequenz führen möchte, daß die Lösung, welche ich vom Standpunkte des Völkerrechts als richtig erachte, nicht in Uebereinstimmung steht mit den Bestimmungen des preußischen und deutschen Strafgesetzbuchs. Ich muß daher wünschen, daß, wenn einer meiner Herren Mitvertheidiger diesen Punkt aufnehmen sollte, er ihn lediglich vom strafrechtlichen und nicht vom völkerrechtlichen Standpunkte, also vom Standpunkte der schon im preußischen Strafgesetzbuch von 1851 enthalten gewesenen Bestimmung des § 4 discutiren möchte. Ueberdies bin ich selbstverständlich der Ansicht, daß es innerhalb des richterlichen Amtes liegt, diesen Punct einer sorgfältigen Erwägung seinerseits zu unterziehen. Es wäre ein für den Theoretiker bei dieser Untersuchung naheliegender Wunsch, die Ansicht des Gerichtshofes über diese Angelegenheit kennen zu lernen; aber ich erinnere mich an dieser Stelle, daß ich nicht blos Professor an einer Hochschule bin, sondern auch diese Räume als Praktiker durchschritten habe und lediglich praktischen Zwecken in dieser Vertheidigung dienen soll.[10])

Bei der Veranlagung meiner Vertheidigung habe ich im Voraus zu bemerken, daß ich die Würdigung der Beweisaufnahme gänzlich meinen Herren Mitvertheidigern von Anfang an überlassen habe. Es war dies eine der Grundbedingungen, unter denen ich mich zur Uebernahme der Vertheidigung bereit erklärte. Ich will hier einstehen in der völlig unbefangenen Stellung eines wissenschaftlichen Gutachters, der seine Rechtsansicht in der Form einer Vertheidigungsrede entwickelt. Ich habe daher bis zum gegenwärtigen Augenblicke das Wort nicht ergriffen. Ich konnte dies von mir ablehnen, weil ich der Ueberzeugung bin, daß, wenn man auch alle Thatsachen der Anklage zugiebt, dennoch keine der Rechtsfolgerungen daraus gezogen werden könne, welche die Staatsanwaltschaft ihrerseits daraus zieht und daß wenn Alles in factischer Hinsicht erwiesen wäre, dennoch aus juristischen Gründen der Angeklagte freigesprochen werden müßte.

Ich gedenke nun der Reihe nach vor Ihnen zu entwickeln: das technische Moment im diplomatischen Dienste, um daran die Schlußfolgerung knüpfen zu können, daß dabei disciplinare Gesichtspunkte hauptsächlich entscheidend sind, um ferner darauf mit Entschiedenheit zu bringen, daß ein Irrthum in der Auffassung dieser technischen Verhältnisse als ein factischer im Criminalverfahren und die Zurechnung zum dolus ausschließend angesehen werden muß. Ich werde ferner darthun, daß von einem Reichseigenthum im privatrechtlichen Sinne an den entfrembeten und zurückbehaltenen Schriftstücken nicht gesprochen werden sollte, womit selbstverständlich die Anwendung des § 350 ausgeschlossen sein würde, da das Vorhandensein irgend eines anerkannten Eigenthümers an den betreffenden Objecten in der That vorausgesetzt werden muß.

Von dieser Darlegung würde ich mich alsdann wenden zum Begriffe der „Urkunde." Wenn ich dem hohen Gerichtshofe gezeigt haben werde, daß hier eine „Urkunde" im Sinne des Gesetzes nicht anzunehmen ist, so wird damit die Anwendbarkeit des § 348, Nummer 2 ausgeschlossen sein. Ich kann dabei sehr kurz sein und meinen Herren Mitvertheidigern Vieles überlassen. Ich will jedoch darauf hinweisen, daß ein „Beiseiteschaffen" im Sinne des Gesetzes, also das objectiv charakteristische Merk-

mal des Thatbestandes nicht vorhanden ist; und
endlich will ich noch besonders betonen, daß es an
einem rechtswidrigen Vorsatze bei dem Angeklagten
fehlt, weil er von zwei Seiten her, nämlich von
Seiten des diplomatisch-technischen Dienstes in Be=
ziehung auf die translocirten Papiere und von Seiten
des civilistischen Eigenthumsbegriffs in Beziehung auf
die retinirten Papiere ausgeschlossen ist; denn keinem
Richter wird es unbekannt sein, daß schon vor mehr
als fünfzehnhundert Jahren der Satz in die Urkunden
des Römischen Rechts eingetragen wurde, daß Niemand wegen Beiseiteschaffung oder Aneignung von
Urkunden oder Sachen bestraft werden konnte, wenn
er solche in der Meinung, es seien die seinigen, bean=
spruchte, wenn er sich auch darin irrte, daß er sie als
sein Eigenthum, gleichviel ob mit hinreichendem
Grunde oder nicht, sondern lediglich bona fide an=
sah. Wenn also die Annahme eines rechtswidrigen
Vorsatzes über den Haufen gestürzt werden kann, so
ist selbstverständlich die Anwendbarkeit aller namhaft
gemachten drei Paragraphen negirt, von denen jeder
einzelne die Rechtswidrigkeit des Vorsatzes nach der
Ansicht und übereinstimmenden Meinung der Theore=
tiker in sich schließt.[11])

V.

Ich sagte: Im diplomatischen Dienst sei eine sehr bedeutende Technik enthalten.

Der Herr Staatsanwalt weiß nichts davon und kann dies auch nicht wissen. Es wäre unbillig, ihm einen Vorwurf aus seiner Unkenntniß machen zu wollen. Er bietet uns in der Anklageschrift einige dürftige Ausführungen darüber, daß man die „politische und übrige Correspondenz", „Erlasse" und „Berichte", nummerirte und nicht nummerirte Dinge unterscheidet. Ungern lasse ich hier das Gesetz der Talion walten gegenüber der Staatsanwaltschaft. Wenn sie selbst aber gegenüber dem Angeklagten den Maßstab der summa diligentia in amtlichen Dingen anlegt, so kann ich doch nicht verschweigen, daß diese summa diligentia auch in der Anklageschrift durchaus vermißt wird. Ist es ein richtiger Gegensatz, zu sagen: „Die diplomatische" oder „politische" und die übrige Correspondenz? Man könnte sagen: politische und nicht politische Correspondenz. Aber zu sagen: im logischen Sinne politische und übrige Correspondenz, würde ebenso klingen, als wenn man von den Theilen des menschlichen Körpers sprechend, die Nägel an den Fingern und die übrigen Theile des menschlichen Körpers unterschiede.

Die Anklageschrift hat eine gewisse Verpflichtung, **mehr Sorgfalt** auf unsere deutsche Sprache zu wenden. Da sage ich, daß ich eben diese höhere Sorgfalt vermisse, die der Staatsanwalt in **disciplinaren** Dingen fordert, wenn darin nicht von dem „sich aufhaltenden", sondern von dem „sich aufgehaltenen Angeklagten" die Rede ist.[12])

Ein bedeutendes technisches Element steckt in der Diplomatie ebenso gut, wie in der Staatsanwaltschaft. Alles was uns hier durch den Beweis von „Nummern" in den diplomatischen Papieren vorgeführt wurde, hat absolut gar keine criminalistische Bedeutung. Es ist nicht das Mindeste für den Dolus oder Nicht-Dolus des Angeklagten daraus zu schließen.

Die Staatsanwaltschaft sagt, die Grundsätze, nach denen diplomatische Correspondenzen zu behandeln sind, seien **allgemeiner** Natur. Man sollte somit meinen, daß es eine **Allgemeine Preußische Naturrechtsordnung** der Registraturen gäbe. Ich kenne eine derartige **allgemeine** Ordnung nicht. Soviel mir gelungen zu ermitteln, haben nur zwei größere Staaten eine **diplomatische** Registraturordnung, nämlich die Vereinigten Staaten von Nord-Amerika und **Frankreich**.[13]) Völlig ist es von der Hand zu weisen, die Einrichtung eines Civilstands=

registerbureaus mit der Kanzlei eines Gesandten zu vergleichen. Hier besteht eben keine feste Praxis, wie dort.

Was soll man dazu sagen, wenn, wie durch eine Nordpolexpedition eine Insel im wüsten Ocean, ein Königlich Preußisches Rescript von 1711 entdeckt würde, das hier verlesen worden ist? [14])

Ich behaupte: **von sämmtlichen Bundesrathsmitgliedern** wird Niemand von dieser Verordnung etwas gewußt haben; und ich meine ferner, daß jeder Aspirant durch das diplomatische Examen durchfallen würde, wenn man ihn nach dem Vorhandensein dieser Urkunde von 1711 fragen wollte.

Allgemeine Grundsätze existiren eben nicht. Sie konnten also auch nicht verletzt werden. Allein ich will einen Augenblick zugeben, daß sich eine sehr feste Praxis in Preußen gebildet habe.

Der Angeklagte hat mit großem Nachdruck hervorgehoben, daß er als **Deutscher Botschafter** in formeller Hinsicht einer Preußischen Registraturordnung nicht unterworfen sei. Für die Natur des Dolus hat dieser Einwand unzweifelhaft große Bedeutung. [15])

Ich berufe mich, um diese Ansicht des Angeklagten als berechtigt nachzuweisen, auf die gar nicht von der Hand zu weisende Analogie des Artikel 61 der Reichsverfassung. In diesem ist gesagt, daß uno

actu, en bloc sämmtliche preußische Militär=
verordnungen im deutschen Reiche, respective im
ehemaligen Norddeutschen Bunde Gültigkeit haben
sollten. Da dies gesagt ist für sämmtliche preußische
Militärverordnungen, so müßte auch gesagt werden,
daß preußische Registraturverordnungen für die
Diplomatie des deutschen Reichs Gültigkeit haben
sollten. Da dies nicht geschehen, mußte dieser Unter=
lassung in der Verfassungsurkunde des deutschen Reichs
nachträglich abgeholfen werden durch eine Bundesraths=
verordnung, respective durch Erlaß des Reichskanzlers.
Dieser Einwand ist also von grundsätzlich hoher Be=
deutung.

Der Angeklagte ist hindurchgegangen durch die
preußische Schule der Diplomatie, und sicherlich
will er keinen Augenblick mit seinen Traditionen und
seiner Vergangenheit brechen. Sicherlich wird er auch
zugeben, daß die registratorischen Einrichtungen des
preußischen Staates bewährt, vortrefflich sind, und
wohl verdienen, in die Erbschaft des deutschen Reichs
hinübergenommen zu werden. Aber eine juristische
Succession zwischen der Diplomatie des deutschen
Reiches und derjenigen des preußischen Staates existirt
ohne Weiteres nicht. Diese Succession wäre schon
mit dem Einwande von der Hand zu weisen, daß auch
in materieller Hinsicht an Stelle der kriegerischen
Politik der altpreußischen Staatsgründung, die fried=

liche Politik des neuen Reichsbestandes feierlich verkündet worden ist.

Der Angeklagte hätte diesen Einwand nicht erhoben, wenn er davon nicht wenigstens **einen Nutzen zu ziehen gedachte: Ein Deutscher Botschafter darf nicht nach dem Maßstabe eines Civilstandsbeamten oder eines Registrators gemessen werden.** Rechtsgleichheit ist in allen Dingen gut, aber sie wird zur Verkehrtheit, wo ein principieller Unterschied in den thatsächlichen Verhältnissen vorhanden ist.

Der Staatsanwalt sagt: es beständen **allgemeine Grundsätze diplomatischer Registrirung und Numerirung.** Ich widerlege den Staatsanwalt durch Berufung auf den Reichskanzler, welcher sehr häufig im Reichstage der Neugier parlamentarischen Forschungseifers die Einwendung entgegengesetzt hat, daß in diesen diplomatischen Dingen sehr schwer verständliche technische Fragen in Betracht kommen, und daß man in deren Beurtheilung sehr zurückhaltend sein müsse.

Was ist also das eigenthümlich Technische des diplomatischen Dienstes?

In erster Linie: Die ganz specifische Bedeutung des diplomatischen Geheimnisses, welches in keiner Weise vergleichbar ist den Amtsgeheimnissen des Civildienstes oder des richterlichen Amtes. Ich weiß nur ein Analogon für die stringente Natur des diplomatischen Geheimnisses; das ist das Beichtgeheimniß. Wo Geheimnisse sind, vermuthet man Sünden, so daß aus diesem Grunde die noch nicht beseitigte Unpopularität der Diplomatie ihren Ursprung hat. Man denke sich, daß das Geheimniß des diplomatischen Dienstes, von äußerster Wichtigkeit, wie er ist, auch gleichzeitig von allen Seiten bedroht ist. Hat man nicht von Depeschendiebstählen gehört? Giebt es nicht bestochene Diener? Der Diplomat ist jeden Augenblick in Gefahr ausgeforscht zu werden. Diese Verhältnisse haben sich in neuester Zeit nur dadurch etwas verändert, daß sich merkwürdige Verbindungen zwischen der Presse und der Diplomatie gebildet haben. Freilich sind sie sehr einseitiger Art, indem die Diplomatie das active Wahlrecht übt für ihre Publicationen, aber das passive Wahlrecht der Mittheilung von Neuigkeiten absperrt.[16])

Ein zweites Moment im diplomatischen Dienste ist die im hohen Maße abhängige, aber auch gleichzeitig freie Stellung des Chefs einer Mission. Es wäre gänzlich falsch und von der Hand zu weisen, daß man einen Botschafter unter dem Titel der Untergebenheit unter den Reichskanzler auf gleiche Stufe stellen könnte mit einem Bureau-Chef im Auswärtigen Amt. Im Gegentheil! Der Chef einer Mission hat im Auslande eine im hohen

Maße verfängliche, nämlich abhängige, aber doch auch sehr freie Stellung, die ihn nöthigt, auf eigene Verantwortlichkeit zu handeln.¹⁷) Gewiß ist er an Instructionen gebunden; und ich würde der erste sein, der dem Angeklagten sogar an dieser Stelle vermöge der mir obliegenden Pflicht der Wahrhaftigkeit den Tadel der Amtswidrigkeit entgegenhalten würde, wenn irgendwie ein instructionswidriges Handeln desselben dargethan werden könnte.

Aber wie der Einheit unserer Heerestüchtigkeit in der Wehrverfassung entsprechen muß die Einheit unserer Diplomatie, als der Anstalt der internationalen Friedensbewahrung, so wird auch in der Diplomatie, wie in den Schlachten von Gravelotte und Bionville, die Selbstständigkeit des Einzelnen im entscheidenden Augenblicke eintreten müssen neben dem Gesetze der disciplinaren Unterordnung und man darf von einem guten Diplomaten nicht erwarten, daß er instruktionsmäßig berichte und noch weniger, daß er instructionsmäßig sehe oder denke.¹⁸)

Aus dieser eigenthümlichen Stellung des Gesandten ergiebt sich auch eine völlig freie Behandlungsweise in den äußeren Anstalten der diplomatischen Missionen.

Ich bin erstaunt gewesen, hier so viel von jenem gesandtschaftlichen Archivschrank der Pariser Botschaft zu hören. Man hat damit die verkehrte Anschauung

verbunden, als ob dies Anstalten der Urkunden=
bewahrung seien. Dies sind sie aber nach ihrer
geschichtlichen Entstehung und ihrem Hauptzwecke nicht.
Alle Urkunden für internationale Rechtsbeziehungen,
soweit sie Bedeutung haben, finden sich entweder im
Auswärtigen Amte hier in Berlin oder in besonderen
Archiven der Hauptstadt. Ich will nun nicht leugnen,
daß gelegentlich auch einmal eine Urkunde im gesandt=
schaftlichen Archive vorkommen könnte. Aber das ist
schon von vornherein zu bestreiten und von uns ab=
zuwehren, daß **geheime** Correspondenzen und Papiere
den gesetzlichen Voraussetzungen einer Urkunde ent=
sprechen.

Die Archive sind in ihrer ersten Entstehung nichts
anderes als **Verstecke für geheime Schriftstücke**,
welche gesichert werden sollen gegen unbefugte An=
eignung von Seiten Anderer. **Der Gesandte ist
gar nicht verpflichtet, numerirte Papiere
gerade in einen Archivschrank zu legen.**
Wenn man dies annehmen wollte, so würden ge=
waltige Verschiebungen des richtigen Thatbestandes ent=
stehen. Er kann nach seinem Gutdünken jedes ge=
heime Papier in das Schreibfach seines Privatschrankes
legen und kann es auch in den Bänden seiner Bibliothek
verstecken. Es giebt Papiere von solcher Geheimheit,
daß nicht einmal die übrigen Personen des Botschafts=
personals etwas davon erfahren sollen, obwohl sie doch

auch durch Amtsgeheimniß verpflichtet sind, und wenn
der Angeklagte häufig in der Lage war, einer Reise
wegen den Schlüssel für den Archivschrank anderen
Händen anvertrauen zu müssen, so konnte jenes
Moment eines Auftrages zur äußersten Geheim=
haltung von Documenten und Schriftstücken dazu be=
wegen — es mußte dies dazu bewegen — diese
Schriftstücke in weit höherem Maße zu secretiren.
Dies erklärt es, daß sie auch verkramt oder verlegt
sein konnten, als der Botschafter von Paris abberufen
wurde.[19]) Ja, es kann der Gesandte, wenn er eine
politisch wichtige Privatcorrespondenz, z. B. mit andern
Diplomaten führt, auch solche Privatcorrespondenz in
den Archivschrank hineinlegen. Archive, welche den
hiesigen Staatsarchiven verwandt sind, finden wir nur
auf den Englischen Gesandtschaften, insofern dort die
Papiere auch in einem Schranke, und zwar in
Bänden vereinigt aufbewahrt werden, während nach
den Preußischen Ueberlieferungen, deren Anwendbarkeit
bestritten wurde, von Zeit zu Zeit Entleerungen der
Gesandtschaftsarchive Statt finden, indem die über=
flüssigen Papiere nach Berlin in das Auswärtige Amt
zurückgeschafft werden.

Ich behaupte also mit Entschiedenheit, daß der
Chef einer Mission sogar diplomatische Correspon=
denzen vernichten darf, wenn er kein anderes Mittel
sieht, seinem Auftrage zur Geheimhaltung der Pa=

piere zu entsprechen. Man denke doch nur, um andere Beispiele nicht herbeizuziehen, an den Ausbruch plötzlicher Kriege, wie derjenige im Jahre 1870 gewesen ist. Vielleicht findet man in solchen Zeiten befreundete Diplomaten, denen man die Papiere anvertrauen kann, vielleicht aber auch nicht. In dem letzten Falle werden die Gesandtschaftspapiere vorsätzlich vernichtet, ohne daß hierbei die Gesetzlichkeit oder Ungesetzlichkeit des Verfahrens überhaupt in Betracht kommen kann. Das ist ein einfaches Handeln vom Gesichtspunkte der Zweckmäßigkeit aus.

So ist also in den Archiven der Gesandtschaften auch nicht die mindeste Analogie enthalten für die Urkundenbewahrung in unserem inneren Staatsdienste.

Die Berichte, von denen hier die Rede war, brauchen auch in dem Gesandtschaftsarchive gar nicht vorhanden zu sein. Kein Gesandter ist förmlich verpflichtet, Concepte in der Registratur zu hinterlassen, wenn es schon gebräuchlich sein mag. Er kann, wie der Belgische Gesandte, Herr von Nothomb, verfahren soll, seinen Bericht in die Feder dictiren und dann sofort abgehen lassen. Nach der Englischen Praxis kann jeder Gesandte Abschriften von Staatspapieren nehmen, auch nach Seiten der Berichterstattung, die im zusteht, und ich kann mir bei der Wichtigkeit der hier behandelten Frage nicht versagen, einen Punkt zu betonen: Englische Minister üben das Recht, sofort ein Duplicat anzufertigen und von ihren Erlassen den amtlichen Inhalt zu ihren Privatacten zu nehmen und zu behalten, um sich desselben zum Zwecke parlamentarischer Rechtfertigung zu bedienen.

Es wird daher vor dem hohen Gerichtshof die Frage zu stellen sein in Beziehung auf **befugte und nicht befugte Amtshandlungen**. Es kommt also auf die **disciplinarischen, nicht auf die criminalistischen Gesichtspunkte der Amtswidrigkeit** an.

VI.

Dies führt mich zu der vorhin aufgeworfenen Frage des Eigenthums in Beziehung auf die retinirten Papiere. Ich wiederhole, wenn Sie das Vorhandensein eines positiv nachweisbaren Reichseigenthums läugnen, so kann von einer Anwendbarkeit des § 350 keine Rede sein.

Nun, meine ich, ist es eine totale Unmöglichkeit, den civilistischen Begriff des Eigenthumsrechtes auf das Deutsche Reich anzuwenden in seiner Beziehung zu diesen **streitigen Papieren**.

Wenn ein solches Eigenthumsverhältniß einmal

im Civilproceß streitig geworden wäre, wonach sollte dann entschieden werden? Haben wir bereits im gegenwärtigen Augenblick ein einheitliches Civil=gesetzbuch? — Nein!

Wenn also das Deutsche Reich in einen Conflict geriethe mit einer einzelnen Person, gilt da Preußisches Recht gegenüber dem Angeklagten, Grafen Arnim? Und bayrisches Recht gegenüber dem Fürsten Hohen=lohe, wenn dieser in gleicher Lage sich befände? Sächsisches oder gemeines Recht? Es giebt keine einheitliche objective Norm, nach welcher das Reichs=eigenthum an streitigen Correspondenzen im Civil=proceß constatirt werden könnte.

Hier bin ich nun in einer ganz besonders günstigen Lage, exemplificiren zu können mit einem andern Rechtssystem eines Landes, welches früher zu einer einheitlichen Gesetzgebung gelangte als wir, Frankreich nämlich. Frankreich konnte die Frage nach dem **Privat= oder Staatseigenthum in Bezug auf diplomatische Schriftstücke** nach dem code civil nicht entscheiden und man hat eine Königliche Ordonnanz vom 18. August 1833 für nothwendig gehalten, um dies zu entscheiden, eine Königliche Ordonnanz, in welcher das Eigenthumsverhältniß in dieser Hinsicht regulirt wird. Auch in einem andern Zusammenhange lege ich ein größeres Gewicht auf diese Ordonnanz.

Meine Herren Richter! Wenn Sie die Bestimmung des deutschen Strafgesetzbuchs vergleichen mit dem früher verlesenen Artikel des Code pénal,[20] so werden Sie unzweifelhaft ohne Schwierigkeit erkennen, daß die Thatbestandsbestimmungen des Code pénal weitere sind, einen weiteren Umfang haben, als die von der Anklage allegirten Paragraphen unseres Strafgesetzbuchs. Wenn in diesen weiteren französischen Bestimmungen nicht einmal ein Eigenthum des Staates in Beziehung auf diplomatische Papiere schlechthin vorausgesetzt ist — wie soll dies geschehen in einem Bundesstaate, in welchem eine einheitliche Civilgesetzgebung fehlt? Man denke doch nicht nur daran, daß diese Frage entstehen könnte gerade nur in der Gestalt, wie sie uns hier vorgeführt wird, zwischen dem Angeklagten und dem Reichskanzler. Sie kann noch ganz andere Combinationen aufweisen. Dies ist einer der gefährlichsten technisch-juristischen Incidentpunkte im gegenwärtigen Verfahren, woraus sich unabsehbare und schlimme Consequenzen herleiten ließen.

Jeder Jurist wird mir wenigstens dies Eine zugeben: Wenn einmal ein Eigenthumsbegriff als anwendbar auf ein bestimmtes Object statuirt ist, dann ist es ganz gleichgültig, zwischen welchen Personen die Eigenthumsfrage in einem Processe ventilirt wird. Ich setze nun aber den Fall, daß eine diplomatische

Correspondenz geführt würde zwischen Frankreich und einem Gesandten eines deutschen Mittelstaates und daß dann die Frage aufgeworfen würde zwischen dem Reich und einem einzelnen deutschen Staate.[21] Würde eine civilistische Entscheidung solcher Fälle möglich sein? Ich sehe sie nicht. Nun aber behaupte ich auch ferner, daß selbst in Beziehung auf die Regierungspresse sich sehr erhebliche Schlußfolgerungen ziehen ließen aus der fehlerhaften Anwendung des Eigenthumsbegriffs auf amtliche Correspondenzen.

Bekanntlich besteht im Auswärtigen Amt eine weitgehende Beeinflussung der Regierungspresse durch Inspiration, gleichsam ein pneumatischer Apparat, der mit solcher Geschicklichkeit arbeitet, daß es in vielen Fällen nicht möglich ist, die öffentliche Meinung der aus dem Auswärtigen Amt correspondirenden Geheimen Räthe zu unterscheiden von der geheimen Meinung gewisser Volksschichten, welche in der Presse nicht zum Ausdruck ihrer Gesinnungen gelangen. Wenn nun aus dem Auswärtigen Amt ein Schriftstück in amtlicher Form an ein Regierungsblatt gelangt, und dessen Redacteur dieses Schriftstück zerschneidet und in den Papierkorb wirft, da wäre dann auch „Staatseigenthum" beseitigt, denn den amtlichen Charakter einer solchen Mittheilung wird Niemand bezweifeln, auch wenn sie zufällig einmal an den Redacteur eines Blattes gerichtet sein sollte. Der ganze Unterschied von amtlich und nichtamtlich fällt bei Schriftstücken bei Leibe nicht zusammen mit dem Unterschied von Staats- und Privateigenthum. Der Eigenthumsbegriff ist hierin so entschieden unanwendbar, daß eine Streitfrage nicht civilistisch, sondern nur verwaltungsrechtlich beantwortet werden kann, und wenn ich mir bei dieser wichtigen Frage ein correktes Proceßverfahren vorstellen sollte, so würde ich erwartet haben, daß die Preußische Regierung erst die Kronsyndici gehört hätte, ehe sie die Leitung dieser ungemein wichtigen Angelegenheit der Staatsanwaltschaft übergab.[22])

Es giebt unzweifelhaft amtliche Urkunden, welche von Privatpersonen retinirt werden können. Ich selbst habe eine Verwarnung erhalten vom Ministerium Mühler wegen vermeintlich amtswidrigen Gebrauches meiner staatsbürgerlichen Rechte, gegen welche der Senat hiesiger Universität seinerseits als eine außerhalb der Berechtigung des Ministers liegende protestirt hat. Vor dieser Verwarnung erhielt ich eine Zuschrift zur amtlichen Vernehmlassung über einen darauf bezüglichen Zeitungsartikel. Daß mir diese Papiere als ein theures Andenken verbleiben würden, habe ich keinen Augenblick bezweifelt. Ich habe die Verpflichtung, sie zurückzugeben, entschieden negirt, und ich muß gestehen: wenn man aus verschiedenen Perioden der deutschen Geschichte von den Betreffenden amtliche Verweise zurückgefordert hätte, daß diese ganze Hauptstadt nicht gereicht haben würde, ihnen einen passenden Platz einzuräumen.

Die Gegensätzlichkeit von „amtlich" und „nicht amtlich" ist schon deswegen unhaltbar, weil sich ein anderer Begriff dazwischen geschoben hat: „halbamtlich. Ein solcher Begriff „halbamtlich" existirt gleichfalls. Es ist hier unmöglich, irgend etwas in der Begränzung Bestimmtes zu statuiren.

Ich gehe aber auch in entgegengesetzter Richtung zu Ungunsten des Angeklagten noch weiter; ich gehe weiter als das Auswärtige Amt. Ich sage: ein in der äußerlichen Form striktes Privatschreiben ist darum im diplomatischen Dienst noch lange nicht Privateigenthum mit der Befugniß der Veröffentlichung und des beliebigen Gebrauchs. Ich kenne eine Note des Englischen Ministers Clarendon aus der Zeit des Krimkrieges, gerichtet an einen Englischen Gesandten im Auslande, wobei einem Privatbriefe des Ministers eine der wichtigsten Noten beigefügt war.

Der Privatbrief soll öfter nur eine Maske im diplomatischen Verkehr der Art sein, daß man die Amtlichkeit gewisser Mittheilungen verbergen will. Also können Privatbriefe eines Ministers nach ihrem

Inhalt einen amtlichen Charakter haben. Der Eigenthumsbegriff bleibt annoch unanwendbar; er ist niemals aufgeworfen worden; er gehört nicht hierher. Er hat keine historische Entwickelung. Denn lange Zeit, ehe die Gesandtschaften ständig wurden, gab es nur persönliche Gelegenheitsgesandtschaften, in Beziehung auf welche diese Verhältnisse gar nicht zur Sprache kommen konnten.[22])

Warum ist denn die Eigenthumsfrage processualisch überhaupt in dieser Richtung bis jetzt noch gar nicht aufgeworfen worden?

Einfach darum nicht, weil nur ein **praktisches Interesse** an der **Nichtveröffentlichung** geheimer Papiere existirt. Eben dieses praktische Interesse an der Nichtveröffentlichung kann nicht erfüllt werden durch Herbeiziehung des Eigenthumsbegriffs. Denn jeder Gesandte kann sich nach der übereinstimmenden Ansicht der meisten civilisirten Staaten Privatabschriften nehmen von geheimen Papieren: eine Praxis, der wir die werthvollsten Veröffentlichungen in England verdanken.

So sehe ich, indem ich die Angemessenheit des **Privat-Eigenthumsbegriffs** in dieser Beziehung entschieden negire und statt desselben die Frage aufstelle: ob hier nicht lediglich **verwaltungsrechtliche** Gesichtspunkte des Mißbrauchs oder der Gebrauchsbefugniß vorliegen, mich zu der Erklärung gedrängt, daß eine sichere Entscheidung nach objectiven Normen über den zwischen dem Auswärtigen Amt und dem Angeklagten bezüglich der disciplinarischen Papiere erhobenen Eigenthumsstreit unmöglich ist, und daß, wenn man in der neuesten Zeit vorgekommene Mißbräuche unbefugter Veröffentlichung oder Aneignung beseitigen will, man dies nicht in der Weise schief anzufassen hat, daß man Staats- oder Privateigenthum an Papieren statuirt, sondern vielmehr in der Weise, daß man eine Ergänzung des Strafgesetzbuchs vornimmt. Hier existirt, wenn jenes stricte Bedürfniß der Geheimhaltung für den Staat vorhanden ist, eine Lücke des Strafgesetzbuchs.[23])

Der hohe Gerichtshof ist nicht berufen, und wie ich fest überzeugt bin, auch nicht geneigt, auf diese gefährliche Brücke zu treten und zu versuchen, den Mängeln der Gesetzgebung durch eine unsichere Interpretation nicht einmal vorhandener Normen irgendwie abzuhelfen.

VII.

Sind denn aber nicht wenigstens „Urkunden" anzuerkennen in diesen Schriftstücken, die der gegenwärtige Proceß zum Gegenstande hat?

Der Herr Staatsanwalt hat mir, wie ich bereits bemerkt habe, die große Ehre angethan, auf mein wissenschaftliches Zeugniß zu provociren. Aber auch hier kann ich ihm den Vorwurf großer Ungenauigkeit nicht ersparen. Ich bin nicht so eitel, anzunehmen, daß das von mir herausgegebene **Handbuch des Strafrechts** in allen denjenigen Kreisen irgendwie jemals bekannt werden könnte, in welchen aus Anlaß der Berichterstattung über diesen Proceß mein Name genannt wird im Zusammenhang mit der Anklage.

Es muß also nach der vom Staatsanwalt beliebten Citirweise der Glaube entstehen, als ob ich seine Ansichten theilte und als ob ich in meinem **Handbuche des Strafrechts** seinen vermeintlich weiteren Rechtsbegriff der „Urkunde" statuirt hätte.

Der Herr Staatsanwalt hat indessen bereits hier nachträglich corrigirt, daß es Meves ist und nicht ich, welcher in meinem Handbuche von „Urkunden im weiteren Sinne" bei einer Erläuterung des § 348 Nummer 2 gesprochen hat.

Ich muß also für solche Citate der Staatsanwaltschaft, die sich nicht auf **von mir selbst** verfaßte Aufsätze beziehen, jede Verantwortlichkeit ablehnen. Er hat sich des sehr irrigen Ausdrucks bedient, daß dieses Handbuch eine Compilation sei. Es ist **mehr als eine Compilation**: es sind die **selbständigen** Arbeiten ausgezeichneter Strafrechtslehrer in einem

Sammelwerke zusammengebracht. Das ungenaue Citat des Staatsanwalts ist aber auch ein nicht zutreffendes. Denn er hätte nicht bei Meves den Begriff einer Urkunde suchen sollen, sondern an einer ganz anderen Stelle.

Diese ganz andere Stelle, welche in diesem Falle entscheidend wäre, findet sich nämlich auf Seite 789 Band III. meines Handbuchs und hat zum Verfasser die auf diesem Gebiete obenan stehende Autorität von Merkel. Professor Merkel in Straßburg hat die Materie der Urkundenfälschung zu seinem Specialstudium gemacht. Da auf den Urkundenbegriff provocirt worden ist, so erlaube ich mir, dem hohen Gerichtshof eine kurze Stelle vorzulesen. Merkel sagt also:

„Der juristische Sprachgebrauch bezeichnet als Urkunden Beglaubigungsmittel für rechtlich erhebliche Thatsachen, das ist: leblose Gegenstände, welche auf einen rechtlichen Thatbestand (privatrechtlicher oder öffentlich rechtlicher Natur) oder wenigstens auf einzelne wesentliche Bestandtheile desselben schließen lassen und durch einen maßgebenden Willen die Bestimmung erhalten haben, in der fraglichen Hinsicht zum Beweise zu dienen. An den Beweis im Processe und an eine durch die Gesetzgebung begründete Beweiskraft ist hierbei nicht ausschließend zu denken. Es genügt, wenn den betreffenden

Objecten im Verkehre, wenn auch nur innerhalb eines beschränkten Kreises von Personen, die Bedeutung eines Beglaubigungsmittels thatsächlich zukömmt. In einem engeren Sinne versteht man unter Urkunden Schriftstücke, welche den angegebenen Charakter haben." [24]

Merkel ist also gerade der entgegengesetzten Ansicht als der Herr Staatsanwalt, insofern nämlich Urkunde im weiteren Sinn ein Nichtschriftstück sein kann.

Es giebt Schriftstücke, die keine Urkunden sind, und andrerseits Urkunden, welche keine Schriftstücke sind, also etwa Kerbhölzer und Gränzsteine. Und in diesem Sinne hatte Meves allerdings Recht, nachdem der Begriff der Urkunden bereits von Merkel schärfer bestimmt worden war, bei § 348 von „Urkunden im weiteren Sinne" zu sprechen. Aber auch im weitesten Sinne können geheime diplomatische Correspondenzen niemals Urkunden genannt werden.

Das Strafgesetzbuch selbst hat bekanntlich keinen Begriff der Urkunde aufgestellt, und das damit motivirt, daß der Begriff der Urkunde als allgemein bekannt vorauszusetzen sei. Niemals ist indessen der Gesetzgeber in seinen Motivirungen ironischer gewesen, als hierbei der Verfasser des Strafgesetzbuches. Denn von einer allgemeinen Bekanntschaft des Begriffs einer Urkunde kann so wenig die Rede sein, daß er gerade zu den allerschwierigsten des gesammten Strafrechts zählt und durch zahlreiche Entscheidungen des preußischen Obertribunals Erläuterungen empfangen mußte. Es giebt nicht sechs Schriftsteller in der ganzen deutschen Literatur, welche in Beziehung auf den Urkundenbegriff genau übereinstimmen. Die englischen Parlamentsstatuten wagen es gar nicht, den Begriff einer Urkunde zu definiren; aber sie gehen den entgegengesetzten Weg, der Aufzählung einzelner Anwendungen. Das englische Fälschungsgesetz hat nicht weniger als vierundzwanzig verschiedene Sektionen, in welchen allen die einzelnen Arten von Schriftstücken aufgezählt werden, welche als Urkunden im Sinne des Gesetzes gelten sollen.

Geht man auf allgemeine Gesichtspunkte zurück, so giebt es offenbar nur drei, nothwendig zusammentreffende Kriterien für die Annahme einer Urkunde:

Erstens nämlich, die Absicht der Beurkundung, d. h. der Beglaubigung durch bestimmte leblose Gegenstände, für den Fall, daß Streit oder Zweifel entstehen sollten.

Sodann, als Inhalt einer Urkunde irgend eine rechtliche, erhebliche Thatsache, sei es eine Willenserklärung, die Rechtsfolgen in der Zukunft haben soll, sei es irgend eine vollendete Thatsache, die

Rechtsfolgen haben kann für menschliche Rechtsverhältnisse.

Endlich drittens, wird man für die Urkunde fordern müssen eine bestimmte überlieferte Form, welche als Beglaubigungsmittel im Verkehr, wenn auch nicht gerade nothwendig im gerichtlichen Proceß, angenommen ist.

Der Begriff einer Urkunde im Civilproceß ist wiederum ein ganz anderer, und zwar engerer, als der weitere, den ich hier einmal meinerseits zugestehen will. Nun also: Was sind disciplinarische und diplomatische geheime Correspondenzen?

Sollte damit etwas für die Oeffentlichkeit in Streitsachen bekundet werden, so wären sie documenta a non docendo, ein lucus a non lucendo.[25]

Im Gegentheil! Sie sollen ja streng geheim gehalten werden, sie sollen nicht in die Oeffentlichkeit kommen. Und was erwartet man in diesen „Urkunden" zu finden? Rechtlich erhebliche Thatsachen?

Ich muß gestehen, daß ich in diesen geheimen Correspondenzen, die hier verlesen wurden und gegenwärtig — gleichsam wider ihren Willen — öffentlich geworden sind, sehr interessante Mittheilungen gefunden habe: academische Erörterungen, diplomatische Leitartikel, Vorwürfe, Berichte über Gespräche, die bei Tische stattgefunden haben, Conversationen mit

Beamten über möglicherweise zukünftig eintretende Ereignisse, Geschichtsphilosophie — Alles, was man will! Nur habe ich keine rechtlich erhebliche Thatsachen in diesen Papieren meinerseits zu entdecken vermocht.

Sie sollen nichts beurkunden und können auch nichts beurkunden.

Es sind geheime Correspondenzen, keine Urkunden im Sinne des Gesetzes.

Der Reichskanzler nennt diese Papiere im Laufe seiner Darstellungen einmal: „die polemische Correspondenz". Ist diese polemische Correspondenz etwa eine Urkunde des Zwistes, der sich in Paris entspann? In diesem Sinne war sie nicht gemeint.

Wenn aber jedes amtliche Schriftstück und jede Correspondenz einmal eine Urkunde sein soll, weil sie von einem Ministerium ausgeht, so kehre ich wiederum zurück zu dem bereits einmal gebrauchten Beispiele. Jeder Brief eines Ministers, jede amtliche Mittheilung an eine Zeitungsredaction wäre eine Urkunde, deren Beseitigung durch den Papierkorb eine schwere Verletzung des Strafgesetzbuchs involviren könnte.

Ich habe noch einen anderen indirekten Grund, aus dem ich das Vorhandensein des Urkundenbegriffs bestreiten muß: den Hinweis nämlich auf die englische diplomatische Praxis, die wohl auch für uns einige Bedeutung hat. Vorzugsweise vindizire ich ihr diese

Bedeutung deswegen, weil die englischen Papiere veröffentlicht werden und dem Parlamente bestimmte Auszüge zugänglich gemacht sind. Nun hat das englische Recht für „Urkunden" eine Fülle von Bezeichnungen: documents, instruments, records, deeds. Wie ist aber die Aufschrift der Blaubücher, in denen diese Papiere veröffentlicht sind? Etwa documents of the Government? Nichts von alle dem, sondern „papers and correspondence" heißen sie, keineswegs „Urkunden".

Ich muß hier einem naheliegenden Irrthum begegnen, indem ich sage: Man verwechsle nur nicht den juristischen Begriff einer Urkunde mit dem historischen.

Die Papiere, die in den letzten Tagen hier verlesen worden sind, werden historische Urkunden werden für die Ranke, Giesebrecht, Droysen und Sybel nach zweihundert Jahren. Diese werden in ihnen historische Urkunden sehen für eine Episode unserer öffentlich rechtlichen Entwickelung. Juristische Urkunden werden nach und nach zu historischen, wenn die darin bezeugten Thatsachen ihre rechtliche Bedeutung verloren haben. Die Acten des ehemaligen Reichskammergerichts enthalten im juristischen Sinn fast gar keine Urkunden mehr, die als Beweisdocumente dienen könnten. Sie sind historische Documente für die Rechtsgeschichte geworden.

In jenem weitesten Sinne kann man sagen, daß Muschelkalk oder der Rückenwirbel eines Sauriers zu den Urkunden der Schöpfung zu rechnen sei. Oder man könnte sagen: daß jedes Blatt Papier, auf das ein Tertianer sein fehlerhaftes Exercitium schrieb, eine Urkunde seiner Unwissenheit und Fahrlässigkeit sei. Gegen eine so weit ausgedehnte Sprachpraxis der Urkundlichkeit kann ich selbstverständlich nichts einwenden. Vom Standpunkt des Juristen ist indessen dergleichen nicht möglich. Es ist auch deswegen nicht möglich, bei den vorliegenden Schriftstücken eine Urkundlichkeit anzunehmen, weil im § 92 Nummer 1 und im § 133 des Strafgesetzbuchs neben den „Urkunden" noch „Acten", „Register" und dergleichen genannt werden.[26]

Wäre der Begriff der Urkunde so beschaffen, wie der Staatsanwalt ihn in diesem Streitfalle annimmt, so wäre in jenen anderen Paragraphen 92 und 133 keine Veranlassung gewesen, neben den Urkunden noch Register, Acten oder irgend welche Art von amtlichen Schriftstücken zu erwähnen. **Ein Actenstück bei Gericht ist noch keine Urkunde**; beispielsweise ein Actenstück über eine erfolglos geführte Ablösungsverhandlung. Wenn mit dem König Georg von Hannover Abfindungsverhandlungen amtlich geführt würben, die zu keinem Resultate gelangten, so wären dies keine Urkunden, weil etwas rechtlich Erhebliches damit nicht bewiesen werden könnte.

VIII.

Wenn ich nun übergehe auf die charakteristischen Merkmale der Verbrechenshandlung, so wäre zu fragen:

Ist hier eine Beiseiteschaffung oder Unterschlagung im Sinne des Gesetzes vorhanden?

Was nun die Unterschlagung anbelangt — Unterschlagung und Diebstahl sind nahe verwandt — so muß ich bekennen, daß ich als Jurist mit einem Fehler behaftet bin. Es gelingt mir nicht immer, meinen Verstand auf dem Gefrierpunkt einer kühlen Betrachtung zu erhalten. Es ist mir doch noch etwas übrig geblieben vom allgemeinen menschlichen Rechtsgefühl. So muß ich denn sagen: Mein Inneres lehnt sich auf gegen jeden Versuch, den Angeklagten gleichsam als einen dem Diebstahl verwandt handelnden Unterschlager darzustellen. Diesen Thatbestand zu widerlegen muß ich Anderen überlassen. Ich fühle mich dazu außer Stande.

Was aber die Beiseiteschaffung anbelangt, so ist doch offenbar damit nicht gemeint, einfaches Beiseitelegen. Vielmehr muß man an einen Beamten denken, der, an einer bestimmten Amtsstelle residirend, Urkunden verschwinden läßt, die man nicht wiederfinden kann, wenn man sie sucht, weil sie aus irgend welchem Interesse vorsätzlich „bei Seite geschafft" wurden. Nun sind aber, wenn Sie von den vermißten Papieren absehen, gar keine Urkunden bei Seite geschafft worden, sondern der verantwortliche Beamte hat sie eingestandenermaßen bei sich gehabt, als er Paris verließ. Man war niemals in Unkenntniß über den Verbleib der translocirten und retinirten Papiere. Ueber die beiden ersten Klassen von Papieren, welche ich translocirte und retinirte genannt habe, kann also in diesem Falle nicht gesagt werden, sie seien bei Seite geschafft, zumal der Angeklagte keinen Augenblick ihr Vorhandensein geleugnet hat.[27])

Alles reducirt sich auch hier auf ein etwaiges unbefugtes Verhalten gegenüber den Vorgesetzten, auf ein gewisses disciplinarisch möglicherweise zu ahndendes Vergehen der unterlassenen rechtzeitigen Ablieferung. Aber von einem Beiseiteschaffen im Sinne des Gesetzes kann hier nicht die Rede sein.

IX.

Entscheidend für den hohen Gerichtshof wird aber schließlich die Prüfung des rechtswidrigen Vorsatzes sein.

Ich meine: auch den Begriff der Urkunden hätte der hohe Gerichtshof, wenn er in diese Lage geriethe — er wird wohl nicht hineingerathen — vom Standpunkte des Angeklagten subjectiv zu untersuchen. Mußte er, als juristischer Laie in diesem noch niemals durch Gerichtshöfe entschiedenen Präcedenzfalle, eine urkundliche Qualität der fraglichen Schriftstücke in seinem Bewußtsein annehmen? Er nahm sie sicherlich nicht an.

Wenn der Gerichtshof statuirte: geheime diplomatische Schriftstücke sind Urkunden, so könnte er niemals das von mir behauptete Argument zugeben, daß ein Minister oder jeder höhere Beamte solche Papiere aus Zweckmäßigkeitsgründen vernichten dürfe. Ich lege darauf das größte Gewicht, daß dies beachtet werde.

X.

Der Rechtsirrthum in allen diesen Stücken würde die Annahme eines rechtswidrigen Vorsatzes ausschließen, wenn irgendwie auf den Rechtsirrthum zu recurriren hier die nothwendige Veranlassung gegeben wäre.

Der Herr Staatsanwalt hat zugegeben, daß doch irgend ein **Motiv für die Handlungsweise des Angeklagten** zwar nicht zu beweisen ist für die Rechtswidrigkeit des Vorsatzes, aber doch glaublich, wahrscheinlich und nach vernünftigem Ermessen präsumirbar gemacht werden müßte. Was sagt nun der Herr Staatsanwalt über die Motive? Daß der Angeklagte ein geheimes Enthüllungsfieber in Beziehung auf Staatspapiere gehabt, daß er den unwiderstehlichen Drang der Publicität in sich gefühlt habe, daß aus den ihm zum Theil officiell anbefohlenen Verbindungen mit der Presse die Absicht zu schließen sei, dem Reichskanzler zu schaden und daß er aus besserer Erkenntniß dies nachträglich unterlassen habe, nachdem die Papiere beseitigt worden waren. Ich überlasse es meinen Mitvertheidigern, den Nachweis der bona fides noch gründlicher zu erbringen, will aber doch sagen, was ich darüber denke.

Ich denke in Beziehung auf die **translocirte Römische Correspondenz**, daß der Angeklagte sehr wohl amtlich im Zweifel sein konnte, ob Papiere, die originaliter nach ihrer Zweckbestimmung **aus seiner Römischen Stellung** herrührten und gleichsam eine Continuität seiner damaligen Stellung bezeichneten, nach Paris hingehörten oder nach Berlin.

Weswegen soll der hohe Gerichtshof nicht glauben, daß ein zartfühlender Diplomat bezüglich dieser Papiere Bedenken tragen konnte wegen der **katholischen** Confession seines Nachfolgers? Schreibt man in kirchlichen Dingen als Protestant an einen Protestanten genau ebenso, wie man als Protestant an einen Katholiken schreiben würde? Ich meine, auch bei dem Katholiken wird man gewisse Traditionen zu achten haben. Es ist sehr wohl **möglich**, daß der Angeklagte dieser Meinung sein konnte. Es ist keine Criminalrechtsfrage, ob er es sein **durfte**, sondern eine Frage der Zweckmäßigkeit und des Verwaltungsrechts.

Ich nehme als ein zweites Motiv an in Bezug auf die **vermißten** Papiere eine Unterlassung aus einer gewissen **Fahrlässigkeit**, **einem gewissen Mangel an Ordnungsliebe**. Um dies zu Gunsten des Angeklagten mit dem vollen Nachdruck der Ueberzeugung sagen zu können, muß ich ihn auch an dieser Stelle tadeln dürfen. Ich habe mir das von ihm ausbedungen. Ich **spreche es daher aus: daß vor dem Standpunkt einer strengen** disciplinaren Kritik **sein Verfahren in keiner Weise bestehen kann**. Er wandte nicht auf jene Papiere jene höchste Sorgfalt, die man von einem Subalternbeamten nothwendig verlangen muß, wenn er Papiere aufbewahrt. Es schienen ihm diese Dinge minder wichtig, als sie in Wirklichkeit sind.

Wenn nun der Herr Staatsanwalt bezüglich der **vermißten Papiere** sagt: „Der Angeklagte hatte ja Zeit, vor seiner Abreise **nach Berlin sorgfältig zu packen**", so muß ich gestehen, daß ich diesen Standpunkt **äußerster** Correctheit nicht begreife.

Es ist schon schwer, wenn ein Mann **einen** Schicksalsschlag zu tragen hat. Aber das Gewitter von Unglücksschlägen in den letzten Monaten seines Pariser Aufenthaltes ist tragisch zu nennen.

Freilich giebt es einen Standpunkt, von dem aus man sagt: „Herr Graf! Sie haben Ihre Tochter verloren. Suchen Sie Trost im Einpacken."

Es giebt einen Standpunkt, von dem aus man sagt: „Graf! Weswegen weinen Sie über Ihr verlorenes Kind. Schonen Sie Ihre Augen! Thränen könnten Ihre Kurzsichtigkeit noch steigern. Sie werden Ihre Actennummern nicht wiedererkennen."

Meine Herren Richter! Das ist ein Standpunkt, den ich nicht theilen kann. Nun also: Dieser Graf, der zwischen Paris und Versailles hin und her fährt, der häufig auf Urlaubsreisen ist, dem ein Papier in Berlin insinuirt wird, ein anderes anderswo, der soll nach dem Maßstab eines Registrators gemessen werden, welcher acht Stunden täglich auf seinem Ledersessel zuzubringen verpflichtet ist?

Das ist unmöglich, denn es wäre eine Ungerechtigkeit, zu verkennen, daß die Natur niemals einem genialen Kopf jene peinliche Ordnungsliebe verliehen hat, die zwar sehr verdienstlich ist, aber nicht in die Combination mit der höchsten Geistesentwicklung paßt.

Fern sei es von mir, irgend etwas Geringschätziges sagen zu wollen über den Bureaudienst in Preußen. Ich halte ihn für bewunderungswürdig. Ich bin nicht nur von Achtung, sondern von Verehrung erfüllt für diese Classe von Subalternen, welche Jahr aus Jahr ein alltäglich ihre Pflichten erfüllt. Ich meine, der preußische Büreaudienst ist eine der Grundsäulen der gesammten Ordnung und Stärke des Staates. Was ich mit der Zurückweisung dieses Standpunktes bezwecke, ist eben dieses: Eines schickt sich nicht für Alle! Und ebensowenig wie man die genialen Combinationen eines Botschafters von einem Büreaubeamten erwarten darf, ebenso wenig darf auch die peinliche Pünktlichkeit eines Büreanbeamten auf den Botschafter übertragen werden.

Und welches Motiv endlich waltete ob bei den retinirten Conflictspapieren?

Der Staatsanwalt hat die Zusammengehörigkeit einzelner dieser Papiere bezweifelt. Man kann darüber sehr verschiedener Ansicht sein. Jedenfalls stehen diese Papiere in einem historischen Connex, und wenn man sagt, die sogenannte verantwortliche Vernehmung, die Aufforderung, sich über einen bestimmten Gegenstand der Anschuldigung zu äußern, constituire keinen Anfang des Disciplinarverfahrens, so ist es möglich, daß der Angeklagte nicht strictissimo sensu seine Pflicht in der Behandlung dieser Actenstücke gethan habe.

Welche Vorwürfe sind in diesen Papieren enthalten? Wenn ich das mir wunderbare Verhalten des Angeklagten begreifen soll, so finde ich dessen psychologischen Grund darin:

> daß ein tiefverletztes überreiztes Ehrgefühl auch jene scharfdenkende Klarheit und Ueberlegung, zumal im Zusammenhang mit den schrecklichsten Unglücksfällen, vermindert haben mag.

Auch für amtliche Rügen giebt es eine Gränze. Ich habe die Gründe nicht zu untersuchen, ob etwa jener Vorwurf einer Stellung „unter der Bildungsstufe eines reichsfreundlichen Wählers" innerhalb der Gränzen einer disciplinarischen Rüge gehalten sei oder nicht. Das Strafgesetzbuch erkennt an, daß eine Ueberschreitung in der Form bei amtlichen Rügen auch den materiellen Begriff einer Beleidigung hervorrufen kann. Ich behaupte: der Graf konnte sich im Zustande der Ehrennothwehr fühlen, und wenn solche Form, angewendet auf einen der ältesten ehemaligen Freunde des Fürsten Bismarck, gesetzlich ist, so muß ich bekennen, daß diese Gesetzlichkeit bewunderungswürdig ist, in ihrer politischen Erhabenheit nur vergleichbar der strengen That des Römers, der, um dem Willen des Gesetzes zu genügen, seine Kinder den Lictoren überlieferte, damit aber auch manche edlere Regung des menschlichen Herzens verletzte. Gereizt, wie sich der Angeklagte fühlte, konnte er wohl die objectiv richtigen Gränzen seines disciplinaren Verhaltens verkennen. Und selbst die Verhaftung in Nassenhaide, deren Legalität ich nicht anfechten zu wollen erklärt habe, mußte doch auch als tiefe Kränkung empfunden werden, von einem Manne, **dessen ganzes Streben dahin ging, gerichtliche Hülfe für sein vermeintliches Recht zu erlangen.**

In dieser Weise von einer solchen Anzahl von Sicherheitsbeamten in seinem eigenen Hause umgangen und umstellt zu werden, unter dem Verdacht processualischer Feigheit, nämlich, die Flucht ergreifen zu wollen, das mußte sein Ehrgefühl zu jener Hartnäckigkeit steigern, die den Kampf um das Recht mit unzulänglichen Mitteln und zu unrechter Zeit aufnehmen und durchführen will gegenüber der ihn zerschmetternden Gewalt. [28])

XI.

Wenn der Herr Staatsanwalt so viel vom dolus gesprochen hat und darauf schließen will aus jenen gelegentlichen Communicationen mit Zeitungen, so sage ich meinerseits: Man werfe gegen diese **voreiligen Schlußfolgerungen** doch auch das ganze amtliche Leben dieses Mannes mit seiner Tadellosigkeit in die Wagschale. —

Es ist eine gewöhnliche Thätigkeit der Staatsanwaltschaften, das Vorleben eines Angeklagten anzuschwärzen, um daraus den Schluß zu ziehen: diesem Manne könne man das fragliche Verbrechen zutrauen.

Hier bediene ich mich bei der Vertheidigung wiedervergeltend des Rechtes, auf die Vergangenheit des Angeklagten hinzuweisen und zu sagen: Werft dieses Leben in die Wagschale gegenüber seinen kleinen **Ungehörigkeiten** und sehet zu, welche Schale sinkt.

Selten ist ein Mann so schwer gekränkt, so tief gereizt worden, wie der Angeklagte.

Von den Gemächern in Versailles, welche die Entstehung unseres Deutschen Kaiserthums beurkunden, von dem Verkehr mit den bedeutendsten Männern in Paris, herabgemindert in seiner Ehrenstellung nach lang anhaltenden Reizungen durch die Versetzung nach

Constantinopel, kalt empfangen von jenen, bei denen er nachweislich Versöhnung gesucht hat, zurückgewiesen von den Freunden, die ihn umgaben, als er mächtig war, verhaftet in dem Gedanken an eine beabsichtigte Flucht, wird er hinausgetrieben in jenen Widerstand gegen seine vorgesetzte Behörde, der aus überreiztem Ehrgefühl hervorging, bis er endlich endigte auf der untersten Sprosse seines Fallens: angekommen im Berliner Krankenhause, in welchem verschuldete und unverschuldete Krankheit, geistiges Umnachtetsein und zeitweise verhinderte Ausschweifung sich zusammenfinden.

Wohl könnte der Graf gleich jenem Römischen Manlius auf die Narben seiner Brust hinweisen vor versammelter Volksmenge, auf jene Verletzungen, die er davongetragen hat in den diplomatischen Laufgräben vor Paris und Rom.

Aber er thut dies nicht an dieser Stelle, obwohl er sein vergangenes Leben berücksichtigt haben will, weil der Verdacht entstände, der für ihn entwürdigend wäre: daß er Ihr Mitleid verlange.

Er verschmäht dies Mitleid. Er würde es verschmähen, selbst wenn er vor der Sandgrube kniete und ein Pelotonfeuer im standrechtlichen Verfahren zu erwarten hätte.

Nein, meine Herren Richter! Auch wenn ich vor Geschworenen plaidirte, würde ich das Wort „Mitleid" nicht über meine Lippen bringen. Denn es widerstrebt den strengsten Auffassungen, die ich von der Würde der dem Vertheidiger gestellten Aufgabe habe.

Kein Mitleid also!

Er verlangt sein Recht.

Im Namen des Königs urtheile dieser Gerichtshof über den **Botschafter des Deutschen Kaisers**, der zuerst nach der Vollendung unserer Siege, im feindlich gebliebenen Lande den Monarchen an der Stätte seiner größten Thaten vertrat.

Als **Preußische Richter im Namen des Königs**, urtheilen Sie über den ehemaligen Botschafter des Kaisers.

Jener Wahlspruch, der die Stiftungsurkunde der Preußischen Justiz in sich schließt, stehe auch ihm schützend zur Seite: **Suum cuique!**

Vor Gott und den Menschen kann nach meiner Auffassung dieser Spruch in der Anwendung auf den Angeklagten nur heißen: **Nichtschuldig!**

Note 1. (Zu Seite 3.) Diese Aufgabe, das Verfahren des Staatsanwalts, des Untersuchungsrichters und der Rathskammer mit der Einrede der Incompetenz anzufechten, hatte der Herr Rechtsanwalt Munckel übernommen. Seine darauf bezüglichen Ausführungen finden sich in den Berichterstattungen über die Verhandlungen des ersten Tages, des 9. December. Für das Verhältniß der verschiedenen Gerichtsstände zu einander, insbesondere für das forum deprehensionis sind diese Verhandlungen höchst beachtenswerth. Ob das Berliner Stadtgericht zur Verhaftung des Angeklagten in Naffenhaide (im Kreisgerichtsbezirk Stettin) competent war, ist nach wie vor zweifelhaft, und vom R.-A. Munckel, wie mir scheint, mit schwer zu widerlegenden Gründen bestritten. — Verschieden von der Frage der Competenz oder Incompetenz ist diejenige der Angemessenheit der Voruntersuchungsmaßregeln. In dieser Hinsicht habe ich in einer Duplik gegen den Staatsanwalt, welcher mißverständlich behauptete, ich hätte die Legalität der stadtgerichtlichen Voruntersuchung anerkannt, kein Hehl daraus gemacht, daß ich die Voruntersuchungsmaßregeln als **unangemessene** betrachtete. Der Ausgang der I. Instanz hat diese Auffassung gerechtfertigt, indem die Aufhebung aller Haftmaßregeln vom Gerichtshofe angeordnet wurde. Da die Beweisaufnahme während der Hauptverhandlung keine erheblichen Resultate zu Gunsten des Angeklagten neu zu Tage förderte, so ergiebt sich, daß Staatsanwaltschaft, Voruntersuchungsrichter und Rathskammer in der Abschätzung der juristischen Tragweite des Thatbestandes zu weit gegangen sind.

Note 2. (Zu Seite 4.) Zweifelhaft ist das Verhältniß von § 92 Nr. 1 des Strafgesetzbuchs zu der **unbefugten** Veröffentlichung von geheimen diplomatischen Correspondenzen. Jede **unbefugte** Veröffentlichung von Amtsstücken durch Beamte sollte als Vergehen bestraft werden, ohne Rücksicht darauf, ob in concreto Nachtheil oder Gefahr entsteht. Es kann sogar unter Umständen aus unbefugten Veröffentlichungen Nutzen entstehen. Hätte Graf Arnim die fraglichen Papiere wirklich drucken lassen, so würde für die Politik des Reichskanzlers derselbe moralische Nutzen daraus hervorgegangen sein, welche die Veröffentlichung dieser Depeschen nach der gerichtlichen Verlesung gehabt hat. Die in Erlassen des Reichskanzlers entwickelte Auffassung der französischen Verhältnisse und die Betonung der Nichtintervention hat überall und bei allen Parteien, einschließlich der Ultramontanen, bedingungslose Zustimmung gefunden. Uebrigens bedenke man in Beziehung auf die völlig kritiklose Behauptung, daß Graf Arnim zum **Nachtheil** des Reichskanzlers die Gesandtschaftspapiere zu publiciren beabsichtigte, diese festgestellten Thatsachen: 1) Die geheim gebliebenen, vermuthlich also wichtigsten Papiere der Römischen Correspondenz sind zuerst auf Verlangen zurückgegeben worden. 2) Die s.g. Conflictspapiere mit den ihm ertheilten Rügen wollte der Angeklagte im Gegentheil vor dem untergebenen Pariser Botschaftspersonal geheim halten. 3) Die annoch fehlenden Papiere sind theilweise so gleichgültigen Inhalts, daß sich ein Verleger dafür schwerlich ohne Entschädigung bereit gefunden hätte. Diejenigen, welche den Grafen für einen schlauen Intriganten halten, müssen ihm wenigstens in dieser Hinsicht so viel politischen Verstand zutrauen, daß er begriff, mit solchen Publicationen dem Reichskanzler nicht schaden zu können. Je nach den Zwecken der ad hoc brauchbaren Schlußfolgerungen wird daher der Angeklagte abwechseind als ein dem Reichskanzler gefährlich gewesener Nebenbuhler und wiederum als ein Mensch ohne die geringste politische oder diplomatische Erfahrung hingestellt.

Note 3. (Zu Seite 6.) Sogar liberale Blätter, die bei Twesten's Proceß nachdrücklich betonten, daß die Gerichte die damals von Seiten der Regierung vertretene Auffassung **abzuwehren** hätten, ohne jede Rücksichtnahme auf **politische Consequenzen**, sprachen davon, daß die **Gerichte** gegenüber dem **Grafen Arnim** dem **Reichskanzler** (als ob dieser der klagende Theil im Injurienproceß wäre) Beistand zu leisten hätten. Die „National-Zeitung", welche gleich am 20. December das Urtheil des Stadtgerichts heftig tadelte, sagt in einem ihrer Leitartikel über das Strafurtheil: „Wo das Wohl oder Wehe Deutschlands auf dem Spiel steht, wo der **verantwortliche Kanzler des Reichs** den stärksten Grund dazu hat, mit dem Verhalten eines seiner diplomatischen Agenten **unzufrieden zu sein**, da (!) wendet der Jurist sehr **kühl seine Begriffe an**, und wenn keinem derselben zu nahe getreten zu sein scheint, so ist für ihn keine Ordnung verletzt, keine Schuld begangen worden. Und es wird ja auch Jedermann anerkennen, daß die Rechtspflege ihre **eigenen Regeln** hat, denen sie treu bleiben soll; wir **müssen aber unwillkürlich** daran zurückdenken, daß im October beim Beginn der Untersuchung die Frage nahe lag, ob die **Rechtspflege dem Reichskanzler beistehen werde in der Sorge für Erhaltung der nothwendigen guten Ordnung im Staatsdienste**. — — Heute kann man nicht anders sagen, als daß der Beitrag, den das Stadtgericht zur Aufrechterhaltung jener guten Ordnung geleistet hat, nur ein mäßiger sei."

Milderungsgründe für eine so unerhörte Auffassung auf Seiten eines liberalen Artikelschreibers würden, abgesehen eben von persönlicher Leidenschaftlichkeit des Schreibers, schwer beizubringen sein. Die älteste der liberalen Traditionen — **die Achtung vor der Justiz** — ist damit gröblich verletzt.

Aehnlich verhält es sich mit der „Norddeutschen Allgem. Zeitung", deren Auslassungen die Nat.-Z. in ihrer Nummer 598 vom 23. December wiedergiebt. Weil Graf Arnim nur zu drei Monaten verurtheilt wurde, sagt das genannte Blatt: „Wenn die Rechtsanwendung des Richters **unbestritten bleibe**, so wäre die Ordnung des öffentlichen Dienstes in allen seinen Zweigen und insbesondere des diplomatischen Ressorts eines jeden **strafrechtlichen Schutzes** entkleidet, vermöge dessen in wirksamer Weise zerrüttendem Unfug und frivoler Eigenmacht von Staatswegen zu steuern ist."

Also auch hier der Vorwurf an den Richter, durch seine **Gesetzesauslegung** — **Regierungsinteressen** verletzt zu haben, und die völlige Verkennung dessen, daß die Richter nicht **de lege ferenda**, d. h. nach dem **Rechtsbedürfniß**, sondern **de lege lata**, d. h. nach dem bestehenden, möglicherweise **unzureichenden Gesetzeszustand** zu urtheilen haben. Unter allen bisher im Staatsrecht vorgebrachten Lückentheorien wäre diese die gefährlichste. Daß dies von liberaler Seite verkannt wird, muß als bedenkliche Begriffsverwirrung gerügt werden und würde — wenn nicht **energisch Widerspruch erhoben wird**, als ein Anzeichen gelten müssen, daß die politische Moral durch diese Presse ins Wanken gebracht wird.

Die preußische Rechtspflege in solcher Weise zu gegenwärtigen Zeitläuften anzugreifen, zeugt nicht gerade von politischem Scharfblick. Für die Disciplin im diplomatischen Dienst ist am besten dadurch gesorgt, daß ohne Weiteres ungehorsame Gesandte zur Disposition gestellt werden können. Mit diesen Mitteln ist bis jetzt jede Regierung ohne Ausnahme ausgekommen. Die deutschen Diplomaten sind nicht ungehorsamer als diejenigen anderer Länder; und von dem Reichskanzler wäre es ungerecht zu sagen, daß er die ihm anvertraute Macht nicht zu brauchen wisse. Fürst Bismarck weiß mit einem geringeren Vorrath von Gesetzen mehr zu leisten als schwächere Regierungen mit ganzen Haufen von Gesetzesvorschriften. Ebenso groß wie seine im Proceß Arnim über Deutschland hinwegleuchtende Popularität ist die persönliche Furcht derjenigen, welche sich in amtlichen Dingen sein Mißtrauen zuziehen könnten. Auch Bluntschli (in der „Gegenwart" vom 2. Januar 1875) behauptet, daß sich der Arnim'sche Fall nicht wiederholen wird. Wenn man gewissen Zeitungen glaubt, bestände ein weit verbreiteter Kitzel, Staatspapiere zu nehmen, um des Amtes entsetzt und mit drei Monat Gefängnißstrafe belegt zu werden.

Note 4. (Zu Seite 9.) Dies ist ein Princip, welches seit Möser's Zeiten nicht blos von den Anhängern der Schwurgerichtspflege vertheidigt worden ist. Im vorliegenden Falle also: Der Richter darf nicht sein Auslegungsresultat, das er nach viertägiger gründlicher Berathung collegialisch gefunden hat, auf das Schuldbewußtsein eines Angeklagten gleichsam im Wege der Transfusion seiner logischen Operationen übertragen. Der objective klare Inhalt des Strafgesetzes muß im dolus des Angeklagten im Momente seines Handelns gegeben sein, nicht nachträglich vom Richter construirt werden. — In Bluntschli scheint der Politiker über den Juristen so stark zu überwiegen, daß er den völlig correcten Standpunkt der Berliner Richter tadelt und von der Laienjustiz verlangt, einen Angeklagten nach dem allgemeinen Gefühl der Strafwürdigkeit zu verurtheilen. (Vergl. „Gegenwart" vom 2. Januar 1875.) Damit wäre dann die Gränzscheide zwischen Moral, Politik und Strafgesetz völlig eingerissen.

Note 5. (Zu Seite 10.) Wegen dieser ersten Gruppe die der Angeklagte nach geschehener Aufforderung unweigerlich zurückgab, erfolgte die Verurtheilung auf Grund von § 133 des St.-G.-B. Seine „Beiseiteschaffung" eines Exemplars von zwei vorhandenen dieser Schriftstücke soll in der unterlassenen Ablieferung vor dem Antritt einer Karlsbader Badereise gefunden werden. Es ist dies dieselbe wichtige Gruppe, deren Geheimhaltung während der Gerichtsprocedur beschlossen worden war. Gegenwärtig knüpfen sich abenteuerliche Gerüchte an den Inhalt dieser Papiere.

Die zweite Gruppe, deren Zurückbehaltung für sich der Angeklagte beanspruchte, sind unter dem Vorbehalt der Rechte, dem Gerichtshof im letzten Stadium des Processes eingereicht worden.

Note 6. (Zu Seite 10.) Die vermißten Papiere sind zum Theil nachträglich in Paris, zum Theil in Berlin wiedergefunden worden, zum weitaus größeren Theil unauffindbar geblieben. Es ist nichts ermittelt, wann, wo oder wie sie abhanden gekommen sind, ob das Fehlen theilweise durch mangelhafte bauliche Einrichtungen oder schlechte Büreaueinrichtungen veranlaßt ist, ob durch culpa oder casus oder dolus. Jede Beweisgrundlage fehlt. Die Rechtsfrage ist hier: wieweit einem Beamten, dem keine Schuld nachgewiesen werden kann, und der seinerseits auch keinen Unschuldsbeweis führen kann, disciplinarisch die Thatsache des Abhandenkommens von losen, nicht gehefteten Papierblättern zugerechnet werden kann? Die Staatsanwaltschaft zog den Schluß: Weil der Angeklagte die Papiere Nr. 1 mit sich genommen und zurückgegeben, und die Papiere Nr. 2 mit sich genommen und geständlich zurückbehalten, muß er die Papiere Nr. 3 mit sich genommen und versteckt haben. Es sind einfach alberne Gerüchte, welche behaupten, daß diese jetzt noch fehlenden Papiere bei hohen Personen verborgen gehalten werden.

Note 7. (Zu Seite 11.) Die bei dem Arnim'schen Proceß in Betracht kommenden Gesetzesstellen lauten:
1) § 348 Nummer 2: Dieselbe Strafe (Gefängniß nicht unter Einem Monat) trifft einen Beamten, welcher eine ihm amtlich anvertraute oder zugängliche Urkunde vorsätzlich vernichtet, bei Seite schafft, beschädigt oder verfälscht.
2) § 350: Ein Beamter, welcher Gelder oder andere Sachen, die er in amtlicher Eigenschaft empfangen oder in Gewahrsam hat, unterschlägt, wird mit Gefängniß nicht unter drei Monaten bestraft. Auch kann auf Verlust der bürgerlichen Ehrenrechte erkannt werden. Der Versuch ist strafbar.
3) § 133: Wer eine Urkunde, Register, Acten oder einen sonstigen Gegenstand, welche sich zur amtlichen Aufbewahrung an einem dazu bestimmten Orte befinden, oder welche einem Beamten als einem Dritten amtlich übergeben worden sind, vorsätzlich vernichtet, bei Seite schafft oder beschädigt, wird mit Gefängniß bestraft.
4) § 73. Wenn eine und dieselbe Handlung mehrere Strafgesetze verletzt, so kommt nur dasjenige Gesetz, welches die schwerste Strafe und bei ungleichen Strafarten dasjenige Gesetz, welches die schwerste Strafart androht, zur Anwendung (s.g. ideale und formale Concurrenz).

Note 8. (Zu Seite 14.) Die Annahme einer idealen Concurrenz auf Seiten der Staatsanwaltschaft schien mir so unglaublich, daß ich mich mit einigen ausgezeichneten Juristen über die Möglichkeit einer solchen Construction vor dem Beginn der Verhandlung besprach. Sie konnten ebenfalls nicht begreifen, wie eine Handlung, genau gegen dasselbe Objekt (Schriftstücke) vorsätzlich gerichtet, ohne hinzutretende fahrlässige Beschädigung anderer Objekte nach zwei Paragraphen gleichzeitig strafbar sein solle. Mit eben demselben Rechte hätte man, auch noch § 360 Nr. 11 hinzunehmend, den Angeklagten wegen „groben Unfugs" belangen können. Der Widersinn in der Anklage ist dieser: Insofern die denkbar wichtigsten Urkunden, der Reichsregierung gehörig, vorsätzlich (in der Absicht der Unterschlagung) bei Seite geschafft sind, erleidet der Angeklagte einen Monat mindestens — gleichzeitig aber auch: insofern dieselben wichtigsten Urkunden der Reichsregierung eine derselben zugehörige (werthlose) Sache repräsentiren und in der Absicht der Unterschlagung beseitigt worden sind, erleidet der Angeklagte drei Monat. Viel eher wäre es zulässig gewesen, materielle Concurrenz in der Weise anzunehmen, daß in Beziehung auf Gruppe I. und III. (s. oben Note 6) als besondere Objecte eine Handlung der Urkundenbeseitigung und in Beziehung auf Gruppe II., die retinirten Papiere, eine davon verschiedene Handlung der rechtswidrigen Aneignung behauptet würde. Eine Handlung mit dem Erfolge einer an demselben Rechtsobjekte haftenden Verletzung kann keine ideale Concurrenz sein, wenngleich mehrere Paragraphen darauf anwendbar scheinen.

Note 9. (Zu Seite 16.) Durch die gleichzeitige Anklage aus zwei Paragraphen könnte die Vertheidigung bei zweifelhaften Fällen ihren Vortheil darin finden, als Ankläger aufzutreten und zu beweisen, daß das geringere Vergehen begangen wurde, um damit die Strafe des schwereren abzuwenden. Wenn beispielsweise nach § 350 der Angeklagte, der Graf Arnim, mit Entziehung der Ehrenrechte bedroht war, so hätte die Vertheidigung bei einer zweifelhaften Sachlage dahin gedrängt werden können, die urkundliche Qualität der geheimen diplomatischen Correspondenz wider ihre Ueberzeugung einzuräumen, um die Anwendung des milderen § 348, 2 zu sichern.

Das Richtige ist: die Staatsanwaltschaft sollte processualisch gehalten sein, bei idealer Concurrenz ihre Anklage auf e i n e n und zwar den s ch w e r s t e n Thatbestand a l l e i n zu stellen. Dies war der natürliche Sinn der alten accusatorischen Proceßregel, daß e i n e Anklage nur ein Verbrechen zur Grundlage haben dürfe. Der Arnim'sche Proceß ist sehr geeignet, die Wichtigkeit dieses unserem Rechtsbewußtsein durch die Inquisitionsmaxime geraubten Satzes zu erläutern. S. L. 14. Dg. de accusat. XLVIII. 2. (Paulus) Senatus censuit, ne quis ob idem crimen pluribus legibus reus fieret. — Ebenso in England mit Beziehung auf felonies. „Indictments must not be double". S. Wharton American crim. law Band I. § 295. So generally an indictment, which may apply to either of two definite offences and does not specify which, is bad. — Das französ. Recht verwies, wie mir scheint mit guten Gründen, die Bestimmungen über Concurrenz nicht in das materielle Recht, sondern in den Strafproceß (s. Code d'instruct. crim. a 365 u. 379). Auch M e r k e l im Handbuch des Straf-R. II. B. S. 572 bemerkte über die Verbrechensconcurrenz mit Recht, daß die fragl. Bestimmungen des Strafgesetzb. in der künftigen Strafproceßordnung eine Ergänzung finden dürften (richtiger: sollten!).

Note 10. (Zu Seite 18.) Die Rechtsfrage der Exterritorialität ist in ihrer Beziehung zum vorliegenden Rechtsfall vom Richter in den Entscheidungsgründen nicht richtig formulirt worden. Daß Gesandte während ihrer Funktionen im Auslande ihrer heimischen Justiz unterworfen bleiben (sogar lediglich dieser), ist nirgends bezweifelt. Die Frage war vielmehr diese: ob trotz ihrer Exterritorialität Gesandte in Gemäßheit des § 4, Nr. 3 des Strafgesetzbuchs, oder nach dem reinen Personalitätsprincip strafrechtlich wegen der im Auslande verübten Delicte zu beurtheilen sind. Die völkerrechtliche Fiction, daß ein Gesandter extra territorium ist, hat darum noch nicht ipso jure positiv strafrechtliche Consequenzen, wie ja auch § 9 des D. St.-G.-B. erweist, welcher einen völkerrechtlichen Grundsatz noch strafrechtlich legalisirt. Es kann daher nur behauptet werden, daß die wissenschaftlich richtige Lösung in der Gesetzgebung dahin führen würde, einen Gesandten ohne Rücksicht auf § 4 Nr. 3 strafrechtlich zu behandeln. Dies hat Heinze in einer Besprechung des Arnim'schen Falles ausgeführt. Uebrigens darf nicht vergessen werden, daß der Gesandte auch die fremdländischen Strafgesetze zu beobachten verpflichtet ist und diese nicht übertreten darf. Man könnte also fragen: ob der auf den Angeklagten angewendete § 133 genau mit einem französischen Strafgesetz coincidirt. Schwarze bezeugt in seinem Commentar zum § 133, daß dieses Vergehen dem preußischen Rechte eigenthümlich war und von ihm in's deutsche St.-G.-B. überging. Im Plaidoyer hierauf einzugehen, war zweckwidrig; ich behaupte, daß eine derartige Einrede nach Analogie einer Incompetenzeinrede ratione materiae präjudiciell geltend gemacht werden muß, wenn nachtheilige Schlußfolgerungen für den Angeklagten in der Sache selbst vermieden werden sollen. Im englischen Proceß wäre dies ein „demurrer" Fall.

Note 11. (Zu Seite 20.) Es ist selbstverständlich, daß auch § 133 ein rechtswidriges Bewußtsein voraussetzt. Es ist sehr wohl denkbar, daß derselbe Erfolg, welchen ein vorsätzliches Beiseiteschaffen herbeigeführt hat, auch durch Fahrlässigkeit herbeigeführt werden kann, z. B. vorsätzliches Mitnehmen einer Urkunde an einen ungehörigen Ort ohne Absicht der Beseitigung, darauf ein Liegenbleiben und nachträglich eintretende Vergeßlichkeit in Beziehung auf den Verbleib, oder in Beziehung auf die Pflicht der rechtzeitigen Ablieferung an die berechtigte Behörde. Die Handlungsweise des Angeklagten in Beziehung auf die I. Gruppe von Papieren kann meiner Ansicht nach auf Grund des vorhandenen Beweismateriales mit größerem Recht culpos („dilatorisch") als dolos ausgelegt werden.

Note 12. (Zu Seite 22.) Dieser Vorwurf hat sich nachträglich als unbegründet, aber auch als von mir unverschuldet herausgestellt. Es handelt sich um einen amtlichen Schreibfehler in der mir zugestellten Abschrift der Anklage.

Note 13. (Zu Seite 22.) In Ermangelung einer verpflichtenden Registratur- und Archiv-Ordnung kann ein Gesandter nicht gehalten sein, die als persönlich nur für ihn bestimmten Eingänge journalisiren zu lassen. In Oesterreich werden, wie mir mitgetheilt wurde, nur die handelspolitischen Eingänge nummerirt. Nach feststehenden objectiven Regeln läßt sich auch bis jetzt nicht erweisen, daß die als persönlich überschriebenen Schriftstücke dem Nachfolger im Amte überliefert werden müßten. Die Pflicht der Secretirung wird bei genauer Sprachweise durch „Geheim" correct ausgedrückt. Der immerhin thatsächlich mögliche Zweifel wird nur durch eine Archiv-Ordnung völlig abgeschnitten werden können. Zu bemerken ist, daß Archivrevisionen bisher völlig unüblich waren; es läßt sich also nicht constatiren, inwiefern auch andere Diplomaten bona fide die als persönlich bezeichneten Schriftstücke dem gewöhnlichen Geschäftsgange durch die Kanzleien vorenthalten haben.

Note 14. (Zu Seite 23.) Der im Proceß vernommene Sachverständige, Präsident Koenig, der am besten unterrichtet sein mußte, wußte von dieser Verordnung nichts.

Note 15. (Zu Seite 23.) Zweck dieses zuerst vom Angeklagten (nicht von der Vertheidigung) vorgebrachten Einwandes ist, darzuthun: daß der Angeklagte die betreffenden altpreußischen Verordnungen, die er, so lange er im preußischen Dienste war, nicht gekannt hatte, auch als deutscher Botschafter zu kennen nicht verpflichtet war; aus einer Zuwiderhandlung gegen derartige Observanzen also für den dolus nicht das Mindeste zu folgern ist.

Note 16. (Zu Seite 26.) Als eine ganz unzulässige Art der Beweisführung muß es auf Seiten der Anklage angesehen werden, aus den Beziehungen des Angeklagten zu gewissen, seiner vorgesetzten Behörde bekannten Zeitungscorrespondenten (Beckmann, Landsberg), und aus gewissen diplomatischen Preßmanipulationen die persönliche Unglaubwürdigkeit des Angeklagten in Beziehung auf seine gerichtlichen Erklärungen zu folgern. Es ist immer im Auge zu behalten, daß die vom Angeklagten bestrittene Absicht unbefugter Veröffentlichung durch einfache Abschriften ohne Entziehung von Originalschriftstücken erreichbar war.

Note 17. (Zu Seite 27.) Diese Verantwortlichkeit ist durch die Telegraphie, welche gestattet, in jedem Augenblick Instruktionen einzuholen, erheblich vermindert. Aber sie besteht trotzdem noch immer grundsätzlich fort. Ein englisches Blatt sagt, daß independent judgments are the very life and breath of the highest diplomacy. Was die Römische Correspondenz anbelangt, so dürfte der Angeklagte über die Angemessenheit ihres Verbleibs in Paris nach seiner Abberufung bis zur Entscheidung seiner vorgesetzten Behörde amtlich urtheilen und demgemäß verfahren. Zur currenten Information seines Nachfolgers gehörten diese Papiere weder nach ihrer Veranlassung, noch nach ihrem Inhalt. Nur wer sämmtliche Papiere dieser Römischen Correspondenz kennt, ist berechtigt zu sagen, ob nach dem Inhalt derselben und der Form der Sprache der vom Angeklagten behauptete Zweifel gänzlich unglaubwürdig erscheint, oder nur als ein Vorwand nachträglich ersonnen wurde.

Note 18. (Zu Seite 27.) Der beiden Schlachten von Vionville und Gravelotte habe ich deswegen gedacht, weil im letzterschienenen Hefte des bekannten Generalstabswerkes die Frage erörtert wird, wie sich die Selbstständigkeit der unteren Führer auf dem Schlachtfeld zur oberen Leitung verhält. Andere Schlachten, wie die von Sedan und Weißenburg, verliefen streng in Gemäßheit des Feldherrnplaues; Wörth theilweise, während Vionville sich fast ganz aus selbstständigen Actionen einzelner Truppenkörper zusammensetzte.

Note 19. (Zu Seite 29.) Thatsächlich hat die Beweisaufnahme ergeben, daß verschiedene Schriftstücke der dritten Gruppe (vermißte Papiere) verlegt oder an andern Orten, außer dem Archivschrank aufbewahrt worden sind.

Note 20. (Zu Seite 33.) Der angezogene Art. 173 des Code pénal lautet: Tout juge, administrateur, fonctionnaire ou officier public qui aura détruit, supprimé soustrait, ou détourné les actes et titres, dont il était dépositaire en cette qualité, ou qui lui auront été remis ou communiqués à raison de ses fonctions, sera puri des travaux forcés à temps.

Daß diplomatische Correspondenzen unter diese ursprüngliche Bestimmung des code pénal nicht fielen, erweist die nachträgliche Bestimmung der Königl. ordonnance vom 18. August 1833. — Nahezu wörtlich übereinstimmend mit dem C. p. ist Art. 212 des Italienischen St.-G.-B. Statt actes et titres heißt es dort atti e documenti, womit gleichfalls anerkannt ist, daß amtliche Schriftstücke per se noch keine Urkunden sind.

Note 21. (Zu Seite 34.) In der Weise nämlich: ob das Deutsche Reich verpflichtet wäre, einen zwischen deutschen Mittelstaaten und Frankreich in Beziehung auf Staatspapiere bestehenden Conflict unter dem Gesichtspunkt der Eigenthumsverletzung international zu vertreten!

Note 22. (Zu Seite 35). Die vorangegangenen Ausführungen, welche darthun sollen, daß der Privateigenthumsbegriff, sei es nun in Beziehung auf den Reichsfiscus, sei es in Beziehung auf einzelne Personen, unpassend herbeigezogen wurde, betreffen lediglich die II. Gruppe der retinirten Papiere, in Beziehung auf welche der Angeklagte „Eigenthumsansprüche" erhoben hatte. Der Grundgedanke meiner Entwickelung läßt sich in dem Satze concentriren:

„Wofür es dem Civilrichter bei einem Eigenthumsprocesse (wie er vom Angeklagten durch Diffamationsproceß herbeigeführt werden sollte) in Gemäßheit der jetzigen Reichsgesetze an einer sicheren Privatrechtsnorm fehlen würde, das soll sich auch der Criminalrichter enthalten, als Incidentpunkt zum Nachtheil des Angeklagten im Criminalverfahren zu entscheiden, wenn ein Angeklagter derartige Ansprüche bona fide erhoben hat. Einige Berichterstatter haben dies dahin

verunstaltet, daß ich das Vorhandensein eines rechtlich geschützten
Reichseigenthums an Mobilien bestritten haben soll, was freilich
eine Monstrosität wäre.

Note 23. (Zu Seite 38.) Nach dem jetzigen Stande der
ausländischen Strafgesetzgebung giebt es keinen verbrecherischen
Thatbestand für die **unbefugte Zurückbehaltung** von
Papieren, die als diplomatische Correspondenz des Zurückbe-
haltenden anzusehen sind. Nur eine **landesverrätherische
Publication** könnte bestraft werden.

Note 24. (Zu Seite 41.) Urkunde: Berner nennt die
Urkunde in seinem Lehrbuch „ein **Beweisstück** für Rechte
und Rechtsverhältnisse". — Schütze (Lehrbuch, 2. Aufl. S. 484)
„Urkunde im weiteren Sinne ist ein äußerlich erkennbarer
Gegenstand, von menschlicher Thätigkeit dazu bestimmt, durch
Schrift oder durch Schrift vertretendes Echtheitszeichen das Andenken einer **rechtlich bedeutsamen Thatsache zu bekun-
den**, d. h. zu bewahren und erforderlichen Falls zu beglaubigen;
im engeren Sinne aber nur das jenen Merkmalen entsprechende
Schriftstück, sei es gedruckt, lithographirt, gemeißelt oder ge-
schrieben." — Daß geheime diplomatische Correspondenzen
keine Urkunden sind, nimmt auch das französische Recht an.
In jeder Urkunde muß eine Bestimmung für den **Rechts-
verkehr**, ein Element der **Oeffentlichkeit** liegen. S. Hélie
(Ausg. v. Nypels Nr. 1552): „En principe il ne peut exister
de faux criminel en écritures authentiques et publiques,
si la pièce falsifié n'a pas, en la supposant vraie, un
caractère d'authenticité et **publicité**." Die Commentato-
ren des Strafgesetzbuchs lassen uns bei der vorliegenden Frage
im Stiche.

to be much more punctilious in his conduct, than a docile ambassador. But it does not follow, that because he is bound, to be more punctilious, he ought to be subjected almost to the sufferings of a man, charged with high-treason and to at least as much public odium and notoriity, for an offence, which — if he had been a steady-going, careful man, would have been passed over with probably hardly a reprimand. — The state of the law cannot be very good, when a breach of the code regulating the discipline of the service entails as much publicity, odium, anxiety, annoyance and actual imprisonment, even before the breach is proved, as many a serious crime entails even when it is proved."

Schließlich theile ich noch folgende gutachtliche Bemerkungen zur causa Graf Arnim mit. Sie stammen von einem ausgezeichneten österreichischen Juristen, Hofrath Dr. Wahlberg, gegenwärtigem Rector der Wiener Universität.

Die dem Grafen Arnim zur Last gelegten incriminirten Handlungen, soweit diese nach den Zeitungsberichten im Verfahren erster Instanz festgestellt sind, lassen sich nach meiner Beurtheilung, theils nur auf Fahrlässigkeit zurückführen, theils lediglich als Disciplinar-Ordnungswidrigkeiten auffassen. Auch die angebliche rechtswidrige Beiseiteschaffung der Actenstücke I. dürfte kaum im Sinne des Gesetzbuches das im § 133 definirte Wesen des fraglichen Vergehens treffen und zwar aus dem einfachen Grunde, weil der erforderliche Beweis der „dolosen Beseitigung und Vorenthaltung" nicht erbracht ist. Vom Standpunkte des österr. Strafrechts läßt sich in der Handlungsweise des Angeklagten weder der Thatbestand des Betruges nach § 201 durch Unterdrückung von Urkunden, welche dem Angeklagten nicht oder nicht ausschließlich gehörig, noch der Thatbestand der Veruntreuung nach §§ 181, 183 erkennen, und es könnte Graf Arnim lediglich im Wege eines Disciplinar-Strafverfahrens zur Verantwortung gezogen werden; weder der Thatbestand nach § 201, weil dieser eine Irreführung durch listige Vorstellung oder Handlung in der Absicht, dadurch Jemand an seinem Eigenthum oder anderen Rechten Schaden zuzufügen, voraussetzt und von einer auf Täuschung beruhenden betrüglichen Absicht im fraglichen Falle nicht die Rede sein kann; noch der Thatbestand nach § 181, weil bei gerechter individualisirender Würdigung des Falles und der Beschaffenheit der Persönlichkeit des Angeklagten weder ein „doloses Vorenthalten" der anvertrauten Aktenstücke, noch ein „doloses Zueignen" derselben als erwiesen vorliegt. Kein vorsätzliches Vorenthalten im Sinne des Gesetzes, denn Graf Arnim hat den Besitz der fraglichen Akten nicht mit dem Bewußtsein der Widerrechtlichkeit fortgesetzt, dieselben nicht fälschlich für die seinigen ausgegeben, nur irrigerweise für die seinigen gehalten, überhaupt ihren Empfang nicht in Abrede gestellt, am allerwenigsten dieselben versteckt oder im Sinne einer Veruntreuung an sich genommen; kein „vorsätzliches Zueignen" mit absichtlicher widerrechtlicher Verfügung über die fraglichen Akten, mithin auch keine dolose Anmaßung des Eigenthumsrechtes über dieselben, keine dolose Beiseiteschaffung mit der Absicht der Verheimlichung.

Die Beiseiteschaffung der Akten, welche von dem Bewußtsein der Widerrechtlichkeit nicht begleitet gewesen ist, könnte selbst durch einen nachträglich hinzugekommenen dolus nicht zu einer „dolosen Beiseiteschaffung" qualificirt werden. Das in Frage stehende Delict kann nicht mit dolus subsequens begangen werden und schon deshalb erscheint die

Verurtheilung Arnims nach § 133 unhaltbar. Arnim hat die Akten an sich genommen, weil er sie für die seinigen hielt; später von seinem Irrthum zurückgekommen, behielt er sie einige Zeit, d. i. er unterließ sie sofort zurückzustellen, er verzögerte blos die Zurückstellung im ungünstigsten Falle.

Als er die Acten bei Seite schaffte, fehlte der dolus; als er diese zurückstellen ließ, fehlte der dolus; angenommen, aber nicht zugegeben, Arnim beschloß die ohne dolus bei Seite geschafften Acten unbefugt einige Zeit zu behalten, — so wird man ernstlich nicht bezweifeln, daß in dieser Unterlassung der rechtzeitigen Zurückstellung ad hoc ein bloßer Willensact, eine nuda cogitatio „ohne Beiseiteschaffung" vorläge. Wer bona fide Acten an sich nimmt, schafft dieselben im Sinne des Gesetzes nicht bei Seite, verwahrt nur, was er für sein hält; die „strafbare Beiseiteschaffung" könnte erst von dem Augenblicke beginnen, als die widerrechtliche Absicht gefaßt und verwirklicht worden ist, da der Beweis einer solchen Absicht nicht vorliegt, so kann ich die Auffassung des Richters 1. Instanz nicht theilen.

Es fragt sich hier nicht blos, wie sich die Sache an sich verhalte, sondern auch, wie der Angeklagte dieselbe angesehen habe und durch seine Stellung wie durch die Umstände anzusehen veranlaßt war.

Der Angeklagte hat incorrect, um nicht zu sagen cavalierement mit den Akten gehandelt, wie hundert andere Cavaliere und Diplomaten in seiner Stellung; sein Verhalten ist, wenn sein Chef will, als Disciplinarvergehen zu beurtheilen insoweit sich dasselbe auf Fahrlässigkeit zurückführen läßt; insofern ein Irrthum unterlaufen ist, welcher den Angeklagten in den Akten sein Eigenthum erblicken ließ, kann nicht einmal von einem Disciplinarstraffalle die Rede sein. Wenn hier von einem Rechtsirrthum die Rede ist, so ist nicht die Unwissenheit des Strafgesetzes gemeint, mit welcher sich Niemand entschuldigen kann, aber ein solcher Rechtsirrthum, welcher nach § 236 des allg. österr. bürgl. G.-B. selbst die Unredlichkeit des Besitzes ausschließt, um so mehr mithin die Strafbarkeit aufheben muß. Arnim's Unkenntniß der juristischen Bedeutung des fraglichen Ansichnehmens und der Rechtsfolgen des Behaltens der an sich genommenen Akten — schließt einen Irrthum in sich, der entschuldigt, und den Vorsatz aus, der allein die Annahme des Vergehens nach § 133 R.-St.-G. rechtfertigen könnte. Es ist vollkommen glaubhaft, daß Graf Arnim mit Rücksicht auf seine persönlichen Beziehungen zum Hofe und zu Bismarck und auf die Umstände des Falles, sich zur Verfügung über diese Akten ad hoc für berechtigt hielt. Der Wunsch, diese Akten zu seiner Rechtfertigung aufzubewahren, erklärt seine Handlungsweise hinlänglich. Ich würde schon aus diesen Gründen den Grafen Arnim von der Anklage lossprechen und strafgerichtlich für schuldlos erklären.